동물 사회의 경제학

-생물경제학 서설-

The Economics of Non-Human Societies

동물 사회의 경제학

-생물경제학 서설-

Gordon Tullock 著 / 黃壽淵 · 李東直 譯

경성대학교 출판부

차례

역자 서문 • 7

Preface to Korean Edition • 11

한국어판 서문 • 15

서 문 • 19

제 1 장 서 론 • 25

제 2 장 사회의 유전학 • 41

제 3 장 조정과 죄수의 딜레마 • 73

제 4 장 개미를 관찰하자 • 91

제 5 장 흰개미와 벌 • 129

제 6 장 두더지쥐, 해면동물, 그리고 변형균 • 151

제 7 장 협동의 이론 • 179

제 8 장 세포들의 사회 • 207

역자 서문

생물학과 경제학은 자연과학과 사회과학만큼이나 거리가 먼 것처럼 여겨질지 모르지만, 그렇지는 않다. 서로 영향을 주고받아 온 것이다. 맬서스의 경제학은 다윈의 생물학에 큰 영향을 미쳤다고 알려져 있다. 그 때는 영향의 방향이 경제학에서 생물학 쪽이었지만, 다윈 이후부터 최근까지 그 영향의 방향은 주로 생물학에서 경제학 쪽이었다. 경제학에 진화론적 접근이 이용되는 것이나, 윌슨(Edward O. Wilson)의 사회생물학(sociobiology)의 인기가 이를 말해준다. 윌슨은 심지어 인간 행동을 위한 모범을 동물로부터 찾아야 한다는 주장을 하기에까지 이르고 있다.

최근의 생물경제학(bioeconomics)에 이르러서 다시 경제학이 생물학에 도움을 주는 입장이 되었다. 생물경제학에서는 인간 행동을 분석하는 데 사용되어 온 분석도구들을 사회적 동물의 행동을 분석하는 데 사용한다. 경제학적 방법론이 정치 및 행정 현상을 분석하는 데 사용되어 공공선택론(Public Choice)이라는 분야가 탄생되었고, 법적 체제의 분석에 적용되어 법경제학(Law and Economics)이라는 분야가 탄생된 것과 같은 맥락이다. 이러한 생물경제학적 접근의 중심에, 공공선택론과 법경제학에서 그러했던 것처럼, 고든 털럭 교수가 자리하고 있다.

본 역서는 Gordon Tullock (1994), *The Economics of Non-Human Societies*, Pallas Press를 번역한 것이다. 털럭 교수는 이 책에서, 윌슨과 달리, 동물의 행동으로부터 인간 행동을 위한 교훈을 얻으려 하지 않는다. 다만 그는 인간 행동의 분석에 유용한 도구들을 취해서 동물 행동의 분석에 사용하면 사회적 동물의 행동을 더 잘 파악할 수 있을 뿐만 아니라 인간 사회의 이해에도 도움이 됨을 지적하고 있을 뿐이다. 이와 같이 접근의 자세는 겸허하나, 그 분석의 결과는 놀랍다.

털럭 교수는 이 책에서, 사회적 동물들에는 정부나, 명령, 계서제 등이 존재하지 않으며 엄밀하게 시장이나 직접적 거래라고 할 수 있는 현상들도 존재하지 않는다고 주장하고 있다. 동물 사회에는 오직 자발적인 협동이 존재할 뿐이라는 것이다. 그는 더 나아가서, 그러면 이러한 자발적 협동이 어떻게 도출되는가에 대한 해답을 제시하고 있다. 다시 말해, 사회적 생활을 하는 동물들은, 누가 지시하지도 않고 가진 것을 상호 이익을 위해 일 대 일로 교환하지도 않는데, 어떻게 사회적 협동이 이루어지느냐 하는 것이다. 그에 따르면, 인간과 마찬가지로 사회적 동물들도 일정한 환경 제약 아래서 자신들의 선호들의 충족을 극대화하려고 하며, 그들의 선호들도 인간의 선호들과 마찬가지로 한계효용 체감의 법칙의 지배를 받는다.

그의 설명 기제는 환경적 조정(environmental coordination)이라고 불리는 것인데, 이를 간단히 설명해 보기 위해, 예를 들어 개미집의 개미들이 식량을 조달하는 것과 집을 보수하는 그저 두 가지 선호만 가진 단순한 선호함수를 가정해 보자. 환경적 조정의 기제란, 식량을 조달하는 개별 개미들의 행동이 모여 식량이 풍부해지는 등 환경 변화를 일으키고, 환경의 변화는 이제 다른 개미들의 식량 조달 및 집 보수에 대한 한계효용의 상대적 크기를 변화시키며, 그에 따라 개미들의 행동이 변경되어 식량 조달과 집 보수와 관련하여 자발적 협동이 일어난다는 것이다. 이것이 환경적 조정이라는 기제의 의미인데, 더욱 자세한 설명을 위해서는 본문을 읽도록 하자.

황수연은 털럭 교수께서 1995년 2월 8일 황수연에게 선물로 우송해 주신 이 책을 여러 번 읽었고, 경성대학교 행정학과 학부생 수업에 두 차례 교재로 사용하기도 하였다. 본 역서는 황수연이 경성대학교 행정학과 박사과정을 수료한 부산 동의고등학교 교사 이동직과 함께 번역한 것이다. 두 역자 모두 생물학에 대해 체계적인 공부를 하지 못했기 때문에, 생물학 내용을 잘못 이해하고 있는 것이 있지 않을까 두렵다. 다만 털럭 교수께서 가능한 한 생물학적 전문용어 대신 일상적인 언어로 바꾸어 표현하려고 노력하신 점이 그나마 위안이 된다.

황수연은 털럭 교수께서 자신의 책의 한국어 번역 출판권을 황수연에게 완전 일임해 주시고 친절하게 한국어판 서문까지 써 주신 데 대해 감사드린다. 그 후의에 대한 보답은 한국 독자들에게 그 분의 생물경제학 아이디어들을 널리 보급하는 것이겠지만, 이 점에서 과연 어느 정도 성공할지 역자들도 불안하다. 황수연은 또한 생물학 분야의 이해를 위해 필요한 관련 자료를 찾아 주는 심부름을 해 준 경성대학교 행정학과 김도헌 군에 대해서도 고맙게 생각하고 있다. 마지막으로 역자들은 본 역서를 멋있게 만들기 위해 애써 주신 경성대학교 출판부에도 감사드린다.

2001년 7월 13일 황수연 · 이동직

재판본 역주: "두더지쥐"를 "두더지"로 번역하는 오류를 초판본에서 범했다. 초판본의 독자들께 깊이 사과드린다.

Preface to Korean Edition

We all are familiar with human society and most of us have at least occasionally noticed non-human societies. Ants, bees, and termites all have societies which are large and efficient. Indeed if we weighed all the animals on earth we would find that ants make-up have a significant part of that total weight. Termites are not quite so common because they can only live in certain areas while the ants are much more catholic in their taste for real estate.

This book examines some of these societies in an attempt to explain the basic foundation of their lives. It is common to assume that they have a centralized highly planned economy and society. Early humans thought the bees were ruled by a King. This was not foolish for people living in societies ruled by Kings, even though the King was actually a Queen. Nevertheless there is very little in the way of central guidance among bees. The same is true of ants, termites, mole rats, and slime molds.

Parenthetically I should say that a biologist criticized the book severely because I referred to "mole rats" rather than "hairless mole rats." Technically he was correct but I don't think my shortening the name deceived anyone.

Much of the popular literature on non-human societies assume some kind of centralized totalitarian state. As a reader of this book will realize this is wrong. The social organization of these complex societies does not resemble any human society very much. But although the resemblance is far less than perfect they are closer to the decentralized market economy than to a centralized socialist economy. In so far as there is any real planning it was done long ago when the genes carried by each worker ant were selected by evolution. The individual ant inspects its environment and decides what it will do. The action of any individual ant to some extent changes the environment of other ants and hence they respond to this changed environment. To some extent human society uses a similar mechanism when we do not have central control.

The first professor of economics in history was Malthus, Both Darwin and Wallace read his book and in essence generalized it to deal with non-humans. Ironically it fits the non-human species better than the human. Still the interaction between biology and economics is both old and desirable. Let me hope that this book continues that tradition.

July 14, 2000

한국어판 서문

우리 모두는 인간 사회를 잘 알고 있고, 우리들 대부분은 적어도 가끔씩 인간 이외의 사회들을 주목해 왔다. 개미들, 벌들, 그리고 흰개미들은 모두 크고 효율적인 사회들을 가지고 있다. 정말 만약 우리가 지구상의 모든 동물들의 무게를 단다면 우리는 개미들 체격이 그 총 무게의 상당한 부분을 차지함을 발견할 것이다. 흰개미들은 오직 특정 지역들에서만 살 수 있기 때문에 그다지 흔하지 않은 반면, 개미들은 토지에 대한 선호가 훨씬 더 보편적이다.

이 책은 그들의 생활의 기본적인 토대를 설명하기 위하여 이들 사회들 약간을 검토한다. 그들이 중앙집권화되고 고도로 계획화된 경제와 사회를 가지고 있다고 가정하는 것을 흔히 본다. 일찍이 인간들은 벌들이 왕의 지배를 받는다고 생각했다. 이것은, 비록 벌들의 왕이 실제로 여왕이라 하더라도, 왕들이 지배하는 사회들에 사는 사람들에게는 어리석은 생각은 아니었다. 그럼에도 불구하고 벌들에게는 중앙 지시라는 것이 별로 없다. 개미들, 흰개미들, 두더지쥐들, 그리고 변형균들도 마찬가지다. 덧붙여서 나는 어느 생물학자가 내가 "벌거숭이 두더지쥐"(hairless mole rat)라고 하지 않고 "두더지쥐"(mole rat)라고 했다고 이 책을 심하게 비판했다는 점을 말해야겠다. 전문적으로는 그의 말이 정확하지만, 내가 그 이름을 줄인 것이 아무도 속인 것은 아니라고 나는 생각한다.

인간 이외의 사회들에 관한 많은 대중적인 문헌은 어떤 종류의 중앙집권화된 전체주의적 국가를 가정한다. 이 책의 독자는 알아차릴 것이지만 이것은 잘못이다. 이 복잡한 사회들의 사회적 조직은 어떤 인간 사회와도 그리 많이 닮지 않았다. 그렇지만 이 사회들은 중앙집권화된 사회주의 경제보다는, 비록 그 유사성이 완전에는 훨씬 못 미치지만, 분권화된 시장 경제에 더 가깝다. 어떤 진정한 계획이 존재하는 한, 그것은 오래 전 각 일개미가 지니는 유전자들이 진화에 의해 선택될 때 이루어진 것이다. 개별 개미는 자신의 환경을 검토해서 자신이 무엇을 할 것인가를 결정한다. 어느 개별 개미의 행동이건 어느 정도 다른 개미들의 환경을 변경시키며, 그래서 후자의 개미들은 이 변화된 환경에 반응한다. 어느 정도 인간 사회도 중앙 통제가 없을 때는 이와 비슷한 기제를 사용한다.

역사상 최초의 경제학 교수는 맬서스였다. 다윈도 왈리스도 그의 책을 읽었으며 본질적으로 그것을 인간 이외의(non-human) 생물들을 다루는 데에다 일반화하였다. 역설적으로 맬서스의 책은 인간 종보다는 인간 이외의 종들에 더 잘 들어맞는다. 그렇지만 생물학과 경제학 사이의 상호작용은 역사가 오랠 뿐만 아니라 바람직하기도 하다. 이 책이 그러한 전통을 이어나갈 것을 기대해 본다.

2000년 7월 14일 고든 털럭

서 문

국무부를 떠난 해에, 나는 프린스턴에 있는 한 소규모 조직에 짧은 기간 근무하였는데, 그 당시 프린스턴 도서관에서 개미에 관한 책을 우연히 집어들게 되었다. 그것은 매우 재미있었다. 그 결과 나는 사회적 곤충들과 생물학의 기타 측면들에 관하여 비공식적인 관심을 키우게 되었다. 이런 이유로 나는 내가 더 잘 알고 있는 분야들뿐만 아니라 생물학 문헌의 논문들을 수년에 걸쳐서 가끔씩 발표하게 되었다.

그러나 내가 그 당시 썼던 한 편의 특정 저술은 전혀 출판되지 않았다. 나는 "명령 없는 조정: 곤충 사회들의 조직"(Coordination without Command: The Organization of Insect Societies)이라는 제목이 붙은 책자 원고를 탈고하였는데, 이것은 개미들과 흰개미들, 그리고 소수의 다른 종들의 내부적인 사회적 구조를 분석하는 데 경제학적인 도구들을 사용하려는 시도였다. 나는 이 책자 원고의 어느 곳에서도 인간 행동이나 사회 조직이 사회적 곤충들의 것을 본받아야 한다고 주장한 적이 없다는 점을 강조해야겠다. 따라서 어떤 면에서는 이 책이 출판되지 못했던 점은 아주 유감이다. 만약 그것이 윌슨(Wilson)의 것보다 훨씬 먼저 출판되었더라면, 동물 사회들로부터 인간 사회들을 위한 교훈들을 도출하려는 그의 시도로부터 야기된 소동은 훨씬 덜 심각했을 것이다.

그러나 나는 여기서 첫째, 윌슨이야말로 나의 첫 원고를 읽어 준 몇 안 되는 사람들 중의 한 사람이었다는 점을 이야기하고 싶다. 사실상 그는 매우 유익한 논평들을 많이 해 주었다. 둘째, 나는 사회생물학에 관한 그의 책과 많은 그의 다른 업적을 찬양한다는 점을 말하고 싶다. 그렇게 많은 사회적 언쟁의 원인이 되어 왔던 도발들은 그의 업적 가운데서 상대적으로 사소한 부분들이다. 나는 도발적인 내용들이 『사회생물학』(*Sociobiology*)의 첫 몇 쪽과 마지막 몇 쪽에 집중되어 있었고, 대부분의 그의 비평자들이 오직 그 부분들만 읽었다는 사실이, 그렇게 많은 흥분이 있었던 근본적인 이유가 아닐까 하고 추측한다.

그럼에도 불구하고 나는 나의 원고를 출판할 수 없었고, 인정하지만 출판하려고 썩 열심히 노력하지도 않았다. (뷰캐넌(James Buchanan)은 예외였지만) 경제학자들이 개미들에 관해 읽는 것에 도대체 관심을 가지고 있지 않다는 점을 나는 일찍 발견하였다. 생물학자들도 역시 관심이 없었지만, 그것은 그들이 개미에 관심이 없었기 때문이 아니라, 수많은 자율적인 단위들의 행동을 통합시키는 것의 어려움을 인식하지 못했기 때문이었다. 따라서 그들은 그 문제에 대한 나의 해결책을 이해하지 못했거나 진가를 인정하지 않았다.

그들의 태도는 내가 다른 대학을 방문했을 때 만난 매우 저명한 어느 생물학자에 의하여 아마 아주 잘 표현될 것이다. 나는 나의 개미 연구의 요지는 왜 개미들이 그런 식으로 행동하는지를 발견하는 것이라고 말했다. 그는 "그들의 DNA가 그들에게 그렇게 하도록 시키기 때문이지요."라고 응수했다.

이 말은 엄격한 의미에서 사실이다. 그들은 자기들의 DNA에 의하여 프로그램 된다. 그러나 왜 두 개미가 동일한 DNA의 프로그래밍을 가지고 있는데도 집의 복리(福利)를 공동으로 개선시키는 서로 다른 활동들에 동시에 종사하게 될까 하는 것은 그저 DNA가 그들에게 무엇을 할지를 지시하기 때문이라는 것만으로 설명될 수는 없다. DNA는 매우 간단한 신경체계의 설계를 제공한다. 그것의 한 부분을 두뇌로 부르느냐 아니냐 하는 것은 정의(定義)의 문제이다. 이 신경체계는 환경을 조사하여 개미에게 무엇을 해야 할지를 명령한다. 개미들이 조정된 활동에 종사할 원인이 되는 그런 유형의 프로그램이란 반드시 명확한 것은 아닌데, 나의 첫 원고는 그것을 설명했다. 그 설명의 다소 개선된 변형이 본서에 포함되어 있다. 불행하게도 어떤 생물학자도, 심지어 윌슨조차도, 관심이 없었다.

어쨌든 나는 그 원고를 제쳐 놓고 지금 새로운 책을 저술하고 있는데, 이것은 옛날의 원고와 많이는 아니지만 다소 유사하다. 그 사이 여러 해 동안 인간 이외의 사회들의 연구에 큰 진전이 있었다. 예를 들면 사회적 곤충과 매우 유사하게 행동하는 포유동물인 두더지쥐(mole rat)는 목록들에서 단순히 언급만 되는 모호성에서 벗어나 면밀하게 연구되었다. 그러나 이런 진전에도 불구하고, 나의 흥미를 돋운 이론적인 문제는 생물학자들에 의해 대개 무시되어 왔다. 따라서 내가 기여할 여지가 여전히 남아 있다.

나의 책에는 아마 약간의 독자들에게 폐가 될지 모르는 하나의 기술적인 측면이 있다. 나는 각주들을 절대 최소한으로 억제하였다. 일반적으로 전문 생물학자들은, 비록 그들이 내가 언급하고 있는 특정 종에 익숙해 있지 않다 하더라도, 그것에 관한 자료를 찾는 데 별 어려움이 없을 것이다. 그러나 비생물학자들은 종종 전문적인 생물학 문헌을 다소 이해하기 힘들게 여긴다. 대체로 내가 각주를 달 때 내 생각에 그들이 비교적 읽기 쉽다고 여길 것들을 언급함으로써 나는 비생물학자들에게 도움을 주려고 했다. 장들의 끝에는 그렇게 전문적이지 않은 약간의 서적들(일반적으로 이것들은 학부의 생물학 교재들이다)의 제목들을 기록하였는데, 이 책들은 비생물학자에게 도움이 될 것이다.

이것은, 물론 훈련받은 생물학자들은 그럴 필요가 없겠지만, 비생물학자들은 어느 정도 나의 말들을 그대로 믿어야 한다는 것을 의미한다. 대체로 너무 어려워서 읽을 수 없고 흔히 복잡한 자료를 취급하는 일단의 자세한 각주들보다 이 체제가 더 편리하고 출판 면에서 확실히 비용이 훨씬 덜 든다고 나는 생각한다.

본서의 준비에 도움을 준 여러 분들에 대한 몇몇 감사들과 함께 서문을 끝맺는 것이 관행이다. 생물학자들 중에는, 윌슨(Edward O. Wilson)과 지셀린(Michael Ghiselen)이 아주 도움이 되었다. 여기 농업학과 실험실의 북먼(Stephen L. Buchman)과 존스(Susan C. Jones)도 원고를 검토하고 유익한 논평들을 제공하였다. 프린스턴의 보너(P. T. Bonner)는 나의 전화를 통한 정보 요구들을 친절하게 참아 주었다. 나처럼 인간 이외의 사회들(non-human societies)에 관심을 가진 경제학자 랜더(Janet Landa)도 아주 도움이 되었다. 틸먼(Betty Tillman)은 오래 전에 첫 판을 타자했다. 샤칸(Margaret Chacon)과 퍼리(Viola Furry)는 현재 판을 타자했다. 그들 모두에게 감사한다.

▌제1장 서　론

인간들이 사회적이라는 것은 분명한 사실이다. 우리는 또한 개미들, 혹은 적어도 그것들의 많은 종들을 사회적이라고 부른다. 만약 우리가 모든 그런 "사회들"을 포함하는 사회적(social)이라는 용어의 정의를 내려야 한다면, 문제는 어렵다. 존슨(Samuel Johnson) 사전은 "1, 일반적 혹은 공공의 이익과 관련되는; 사회와 관련되는"이라고 하고 있는데, 후자는 그것의 한 부분을 정의하기 위하여 동일한 일반적인 용어를 사용하고 있는 것 같다. 그는 또한 "3, 다른 사람(것)들과 결합하거나 교제의 상태에 있는"이라고 하고 있다. 사회(society)는 "1, 같은 일반적인 이익으로 맺어진 많은 사람(것)들의 결합. 2, 같은 이익으로 결합된 패들; 공동체"로 정의되고 있다.

현대 사전들은 내가 알 수 있는 한 그 용어를 더 잘 정의하는 데 별 진전이 없었다. 물론 이 점은 현대 사전들을 존슨 사전과 비교할 때 일반적으로 사실이라는 점을 말해야겠다. 존슨의 사전은 여전히 지금까지 편집된 최고(最高)의 사전들 중의 하나이다.

아무튼 웹스터(Webster)[1] 사전은 다음과 같이 수록하고 있다. "7, 집단들이나 집결체들로 살거나 교제하는; 개미는 사회적 동물이라는 것과 같다." "9, 식물학에서, 덤불들이나 덩어리들로 자라는."

이 정의들 중의 어느 것도 진정으로 적절하지 않지만, 나는 그것들을 더 낫게 만들 수가 없다. 내가 "사회"(society)에 관한 분명한 정의를 가지고 있지 않다는 점을 독자들에게 솔직하게 고백했으므로, 나는 이제 상이한 종류들의 사회들에 관한 나의 책을 진행시켜 나가겠다. 이런 경우에도 나는 이것이 독자들을 혼란에 빠뜨릴 것이라고 생각하지는 않는다. 설사 우리가 "사회"나 "사회적"이라는 낱말들에 대하여 그것이 의미하는 바를 구체적으로 정의할 수 없다 하더라도, 그럼에도 불구하고 우리 모두는 말하자면 개미집이 사회의 하나의 예이며, 또한 대부분의 인간 공동체들도 하나의 예라는 점을 매우 분명히 알고 있다. 대부분의 사람들은 흰개미를 사회의 하나의 예로서 받아들일 것이며, 최근에 TV를 시청한 적이 있는 사람들은 두더지쥐들도 하나의 예라는[2] 점에 동의할 것이다.

---

1. Webster's *New Universal Unabridged Dictionary*, Simon & Schuster, New York, 1979.
2. 사진 촬영에 아주 적합하지 않은 두더지쥐들이 어째서 그토록 자주 TV에 방영되었는가에 대한 이유를 나는 추측할 수가 없다. 그것은 꿀벌의 사회 조직과 아주 유사한 사회 조직을 가진 포유동물을 보는 것이 아주 놀랍기 때문일지 모른다.

우리는 경계선들을 더욱 넓게 그을 수 있다. 군체의 강장동물들(colonial coelenterates)은 그들의 이름에서 짐작할 수 있듯이 분명히 매우 작은 동물들의 사회이다. 그 조직은 개미들이나 두더지쥐들의 그것보다 더욱 긴밀하지만, 그럼에도 불구하고 그것은 사회적이다. 또한 해면동물들(sponges)도 있는데, 비생물학자 독자는 듣고서 틀림없이 놀라겠지만, 이것들은 단세포들의 사회들로 간주될 수 있는데, 단세포의 많은 것들은 아메바 형태이며 해면동물 속에서 자유롭게 이동한다.

우리는 인간 이외의(non-human) 여러 사회들에 관해 적어도 개괄적인 논의를 할 예정이지만, 본서의 주요 목적은 사회들에 관한 일반이론(general theory)을 발전시키는 것이다. 독자들은 발견하게 될 것이지만, 이것은 모든 종류들의 사회들에 관한 일반적인(매우 막연하다는 점을 인정하지만, 그럼에도 불구하고 일반적인) 상위이론(overtheory)이다. 인간 사회도 비록 매우 본질적으로 다른 구성원이긴 하지만 그 계통의 한 구성원이다. 어떤 면에서 이 일반이론은 두 가지 부류를 다루는데, 그 하나는 인간들이고 다른 하나는 나머지 전부이다.

다른 종들이 있다. 예를 들면 사시나무 숲(aspen grove)이나, 그 문제와 관련, 대나무(bamboo)도 생각하건대 반독립적인 식물들의 사회로 부를 수 있다. 검정딸기 덩굴들(blackberry vines)은 보통 어느 정도 상호 관련되어 있는 독립적인 단위들의 집합체인데, 사회들의 명부에 오를 수 있을 것 같다.

사회를 이루기 위해서는 모든 구성원들이 밀접하게 관련되거나 적어도 동일한 종의 구성원들이어야 하는가 하는 질문도 또한 제기된다. 밀접한 통합과 협동적인 행동이 둘 혹은 그 이상의 종들에 존재할 때는, 생물학자들은 보통 "편리공생"(commensalism)이나 "공생"(symbiosis)이란 용어를 사용한다. 흔히 이런 것들과 사회들 사이의 유일한 실질적인 차이점은 단지 그들의 종이 다르다는 것이다. 지의식물(地衣植物; lichens)은 심지어 동일 계(界)의 구성원들도 아닌 두 종류의 유기체들의 밀접한 조직이다.[3] 한 종을 넘는 그런 협동적인 조직들이 이 밖에도 있다. 그것들을 "하나를 넘는 종들의 사회들"로 부르지 않는 것에 대해 내가 찾을 수 있는 유일한 이유는 단순히 전통이다. 그것들도 조정(coordination)과 조직(organization)이라는 동일한 문제들을 제기한다. 이 문제들은 그 경우들에는 특히 어려운데, 두 종들의 유전적인 이익들이 충족되어야 하기 때문이다.

비록 내가 사회를 정의할 수는 없다 하더라도, 적어도 우리가 그것을 인식하는 데 도움을 주는 몇 가지 특징들을 나는 지적할 수 있다. 이것들 중 첫째는, 사회의 여러 구성원들은 서로 도움이 되는 활동들에 종사한다는 점이다. 내가 그들이 항상 서로 도움

3. 지의식물들과, 보통 시아노박테리아(cyanobacteria)와 같은, 그들의 짝들은 따로 적절한 문(門)으로 분류되고, 그 다음 그 조합은 더 나아가서 지의식물들의 "변형문"(變形門)으로 분류된다. 따라서 비천한 시아노박테리아는 두 문들의 구성원일지 모르는데 반하여, 고상한 독자 당신은 오직 하나의 문에 속한다.

이 된다고 말하는 것이 아니라, 단지 평균적으로 그들의 행동이 서로 도움이 된다는 것을 말하고 있을 뿐이라는 점에 주목하라. 물론 이 정의 그 자체만 가지고도, "사회들"은 하나를 넘는 종들을 포함할지 모른다.[4]

비비들(baboons) 사이에서는, 종족의 일상적인 활동은 함께 먹이를 구하는 협동적인 자위조직의 활동이다. 그러나 무리를 이끄는 수컷들 사이에는 심한 싸움들이 있다. 따라서 협동적인 행동과 비협동적인 행동 둘 다 존재한다. 그러나 협동적인 행동은 싸움보다 일반적으로 더욱 중요하다. 참으로 싸움의 유일한 이유는 더 큰 협동적 단위에서의 지위를 얻거나 유지하는 것이다. 인간들에서도 동일한 현상을 보지만, 일반적으로 우리 인간들의 사회는 내가 논의하고자 하는 다른 사회들과 아주 근본적으로 다르다.

덧붙여서 나는 여기서 비비들, 사회적인 약간의 원숭이들, 이리들 등과 같이 몸집이 큰 다른 포유동물들의 사회들은 본서에서 별로 논의되지 않을 것이라는 점을 말하고 싶다. 그들 중 약간, 특히 비비들은 그 자체로도 매우 흥미롭지만, 일반적으로 그들의 사회는 많은 면에서 인간 사회와는 근본적으로 다르다. 물론 하나의 중요한 차이는 단지 규모(scale)의 문제일 뿐이다.

---

4. 내가 지금까지 알고 있는 대부분의 개들은 분명히 자신들을 일정 인간들도 포함하는 무리의 일부로 간주한다. 개 주인들도 그 점에 동의하는 것처럼 행동한다.

구석기 시대로 거슬러 올라가면 인간들도 비비 종족들과 어떤 구조적인 유사성을 분명 지닌 매우 소규모의 이동하는 종족들로 살았을지 모르지만, 그 단계는 오래 전에 지났다. 우리의 오늘날의 사회적 상호작용은 엄청나게 더 복잡하다. 너무나 그러해서 그러한 초기 사회의 대부분의 흔적들과 특성들은, 설사 존재한다 하더라도, 지금은 묻혀 있고, 우리 행동에 별로 혹은 전혀 영향을 미치지 않는다.[5]

만약 우리가 큰 개미집이나 내가 기술할 몇몇 더욱 복잡한 다른 사회들에 관심을 돌리면, 거기에는 대규모의 상호작용들이 존재하지만, 실제로 우리가 늑대들과 비비들 사이에서 발견하는 지배 질서들에 해당되는 것은 없다. 예를 들어 벌들과 분명히 두더지쥐들과 같은 약간의 사회적 집단들 가운데서는 누구를 여왕으로 할 것인가를 결정하기 위해 어떤 최초의 싸움이 있는 것은 사실이다. 참으로 몇몇 종류의 말벌들에서는 이 점은 결코 완전히 정해지지 않아서 낮은 계급의 암컷들이 때때로 알을 나을지도 모른다. 그러나 그것은 미발달된 체계의 한 예이다. 비록 그것들이 존재하는 것을 부정하지 않지만, 우리는 그것들에 별로 관심을 기울이지 않을 것이다.

나는 여기서 다시 내가 인간 사회란 동물 사회들을 고찰함으로써 이해할 수 있는 것이라고 암시하고 있는 것이 아니라는 점을

5. 윌슨(Wilson)은 동의하지 않을 것이다. 사실상, 『사회생물학』을 논쟁적으로 만든 것은 이 점에 관한 그의 반대 의견 때문이었다.

강조하고 싶다. 참으로 나의 접근은 그 반대이다. 나는 인간 사회를 다루기 위하여 개발된 도구들을 택하여 그것들을 인간 이외의 사회들을 이해하는 데 사용하고 있다. 그러나 그 과정에서 그것들은 철저하게 일반화될 것이고, 따라서 인간과 인간 이외의 사회들 모두에 적합한, 사회의 일반이론(general theory)이 개발될 것이다. 이런 사회는 우리가 인간 사회들에 관하여 알게 된 것을 인간 이외의 종들에 일반화한 것이라는 점을 인정해야겠지만, 그것을 검토하는 것은 인간 사회의 연구자들의 생각들의 약간을 명료하게 해줌으로써 인간 사회의 연구자들에게도 당연히 도움이 될 것이다.

로마 군인들은 자기들의 칼에 포환을 달고 연습했다. 어떤 의미에서 개미집의 경제학적인 분석에 종사하는 것도 동일한 종류의 일이다. 그런 것을 행하는 경제학자들은 그것이 자신들이 익숙한 인간 사회들을 다루는 것보다 훨씬 더 어렵다는 것을 알게 될 것이다. 그렇지만 연구가 끝날 때면, 그들은 자기들이, 로마 병사처럼, 자기들의 정규적인 과업에 대해 더욱 잘 무장되어 있다는 것을 알게 될 것이다.

불행하게도 나는 본서를 읽는 것이 보통의 경제학자들의 도구상자에 더 많은 것을 추가해 줄 것이라고 주장할 수는 없다. 경제학자들이 독서를 끝마치면, 그들이 전혀 들어보지 못했을 것이라고 내가 확신하는 약간을 포함하여, 그들은 이전에 알지 못했던 종들에 관하여 많이 알게 될 것이다. 그들은 또한 인간 사회를 포함하여 사회들 일반에 관한 기본적인 특징들의 약간에 대하여 다소 더욱 분명하게 알 것이다. 그들은 뿐만 아니라 인간 및 인간 이외의 사회들 둘 다가 그 예가 되는, 사회에 관한 일종의 일반적인 상위 이론이 있다는 점을 깨닫게 될 것이다.

생물학자들에게도 상황은 다소 비슷하다. 내가 여기서 전개하려고 하는 것이 상당한 정도 그들에게는 새로울 것이지만, 그것 때문에 그들이 자기들이 전공하고 있는 종이 어떤 식으로 행동하는지 혹은 그것이 어떻게 조직되는지에 관한 자기들의 견해를 바꾸는 일은 별로 없을 것이다. 생물학의 귀찮은 문제들 중의 하나는 수백만의 종들이 존재한다는 점이다. 이것은 보통의 생물학자가 실제로 그것들의 오직 소수에 대해서만 통달할 수 있다는 것을 의미한다. 이것은 참으로 두더지쥐가 그렇게 오랜 기간 거의 잊혀지다시피 했던 이유이다.

그럼에도 불구하고 흰개미들을 전공하는 생물학자들은 이 포괄적인 더욱 일반적인 이론을 아는 것이 자기들의 특정 종에 관한 자신들의 생각들을 명백히 하는 데 다소 도움이 된다고 느낄지 모른다. 그것은 그들의 관점들을 어떤 깊은 혹은 근본적인 면에서 변화시킬 것 같지는 않지만, 아마 여전히 도움이 될 것이다.

이 서론은 지금까지 본서가 무엇에 관한 것인지에 대해 상당히 알려주었지만, 본서의 조직에 관해서도 조금 논의하는 것이 아마 도움이 될 것이다. 다음 장은 사회들과 관련되는 한도에서 본질적으로 번식의 진화이론(evolutionary theory of reproduction)이라고 할 수 있는 것에 관해 논의할 것이다. 그것은 자연 선택(natural selection)의 결과 협동적인 행동이 생길지 모르는 많은 측면들을 지적할 것이다. 이것의 보충으로서, 그것 때문에 또한 비협동적인 행동도 일어날지 모른다는 점을 지적하는 것이 필요할 것이다.

이 장(제2장)은 내 생각에 이 장에 포함되어 있는 많은 부분을 이미 알고 있을 생물학자를 위하여 씌어지지는 않을 것이다. 그렇지만 나는 이 책을 읽을 대부분의 생물학자들이 이 장을 대충은 읽을 것이라고 생각한다. 그러므로 나는 그것이 생물학의 저술들에는 없지만 생물학자들이 흥미롭게 여길지 모르는 약간의 특징들을 분명 가지고 있다고 말하고 싶다.

이 점은 전체로서의 이 책의 한 측면을 가리킨다. 그것은 특별히 생물학자들을 위하여 저술된 것은 아니다. 나는 생물학자들이 그것을 재미있고 유익하게 여기기를 바라지만, 또한 그것이 경제학자들에게도 쉽게 읽혀지기를 원한다. 참으로 나는 경제학자들이든 아니든 인간 사회의 모든 연구자들에게 그것이 읽어서 재미있고, 알아보기 쉽고, 이해하기 쉽기를 바란다. 나는 사회학자들, 정치학자들, 인류학자들 등에게도 그것이 다소 도움이 되기를 기대하고 싶다. 그러나 인간 사회는 내가 다룰 이들 다른 사회들과 밀접하게 관련되어 있는 것은 아니다. 참으로 그들의 관련성은 극히 멀다.

그럼에도 불구하고 약간의 공통적인 특징들이 존재하며, 이 공통적인 특징들은 기본적으로 도둑맞은 편지(purloined letter)처럼 너무도 분명하여 인간 사회의 연구자들에 의해 소홀히 다루어지는 경향이 있다. 당신이 개미집을 관찰할 때, 당신은 개미들이 어떻게 협동과 효율적인 분업을 얻는가에 대한 설명을 구하고 싶은 충동을 받을 것이다. 근본적으로 다른 이 설명들이 인간 사회들을 연구하는 데 다소 도움이 될지 모른다.

나는 이 책을 생물학적 배경을 많이 가지고 있지 않은 사람들에게 쉽게 이해될 수 있도록 하려고 노력했다. 이 말은 내가 생물학자가 사용하려는 것과 다른 용어들을 자주 사용한다는 점과, 비록 나는 그 설명들에는 잘못들이 없다고 생각하지만, 나의 설명들은 생물학자가 사용하는 것들과 다소 다를지 모른다는 점을 의미한다. 나는 전문용어의 이런 비관습적인 사용에 대하여 생물학자들의 양해를 구하고 싶다. 나는 생물학자들이 본서를 읽는 데 어려움은 없을 것이라고 생각하지만, 그들은 본서를 약간 생소하게 느낄지 모르는데, 그 이유는 비생물학자들에게 난해함을 야기할지 모르는 곳에서는 전문적인 생물학 어휘는 피했기 때문이다.

내가 경제학적 어휘에 손을 댈 때는, 여기서의 접근을 거꾸로 이용한다. 나는 경제학을 배우지 못한 생물학자가 쉽게 여기도록 경제학적 언어를 사용하려고 노력했다. 나는 여기서 생물학자들이 최근에는 약간의 경제학의 분석 도구들에 흥미를 가지게 되었고 그것들을 적용해 왔다는 점을 말해야겠다. 참으로 그들은 매/비둘기 균형(hawk/dove equilibrium)과 같이 사실상 경제학에서 중요하게 된 약간의 도구들을 고안해 냈다. 따라서 나는 경제학자들이 생물학에 의하여 당황하게 될 것보다 생물학자들이 경제학적 개념들에 의하여 덜 어려움을 당할 것이라고 예상한다. 나는 양측 다 이익을 얻을 수 있다고 생각하며, 비전공자들이 쉽게 읽을 수 있도록 의도된 언어의 사용에 대하여 양측 모두에게 양해를 구한다.

나는 경제학자들에게 특별히 도움이 되도록 하기 위해, 선정된 인간 이외의 사회들에 관해 일종의 개관을 제공하는 여러 장들을 두었다. 이 책을 읽는 대부분의 생물학자들은 이들 사회들의 이것 아니면 저것에 대하여 전문가들일 것이며 다른 것들에 대하여서도 일반적인 지식을 가지고 있을 것이다. 그러나 심지어 윌슨(Wilson)과 같은 박식한 생물학자조차도 그의 기념비적인 『사회생물학』(*sociobiology*)에 내가 여기서 논의할 종들을 전부 다 포함시키지는 않았다. 생물학자가 연구하는 세계는 거대한 세계이며, 그것의 전부를 안다는 것은 다소간 개별 인간의 지적 능력을 넘어서는 것이다. 확실히 그것은 나의 지적 능력을 넘어선다.

이전에 내가 언급한 점을 반복하면, 일반적으로 나는 고등 포유동물들의 사회들에는 크게 관심을 기울이지 않을 것이다. 이것들은 기본적으로 개미집보다 훨씬 더 단순한 사회들인데, 비록 비비가 개미보다 훨씬 더 복잡한 동물이라 하더라도 그렇다. 내가 다루는 대부분의 원리들과 문제들은 그들에게도 적용된다. 그러나 솔직히 나는 그것들에 별로 흥미가 없다.

내가 일반적으로 생략할 또 다른 영역은 내가 엄밀한 가족(strict family)이라고 부르고 싶은 것이다. 대단히 많은 종들에서 성적(性的)으로 번식하는 동물들 가운데는 수컷과 암컷은 오직 짝짓기를 위해서만 만난다. 그러나 그 관계가 아주 영구적인 다른 것들도 있다. 다시 한 번 말하자면, 이런 것들은 사회라고 불릴 수 있으며, 그것들의 많은 것들이 윌슨의 『사회생물학』에 목록으로 올려져 있다. 그러나 나는 그것들에 관하여 비교적 별로 논하지 않을 것이다. 이것들은 서로 이익이 되는 협동적인 행동의 경우들이지만, 그것들은 또한 내 견해로는 대규모 사회들보다 흥미가 덜한 것들이기도 하다.

현존하는 사회적 종들을 개관한 후에 나는 내가 이 책의 주된 공헌이라고 생각하는 것에로, 즉 이러한 협동이 어떻게 작용하는가에 대한 탐구에로 관심을 돌릴 것이다. 따라서 예를 들어 보면 흰개미들과 같은 매우 작은 동물들은 두뇌의 기능이라고 할 수 있는 것을 별로 가지고 있지 않다. 참으로 우리가 도대체 그들도 두뇌를 가지고 있다고 말하는 것이 옳은지에 관해 다소 의문이 있다. 표준적인 개미집은 중앙 계획 지시나 정부가 없다. 단지 한 마리의 여왕만 있다면, 그 여왕은 집을 통하여 점차 번져나가서 어떤 조정 기능을 분명 수행하는 약간의 페로몬들(pheromones)을 생산할 것이라는 점은 사실이지만, 무엇을 할 것인가에 관한 결정들은 주로 개별 개미들에 의하여 이루어져야 한다.

어떤 사람이 개미집의 꼭대기를 발로 차버리는 것과 같이 위기 상황이 존재한다면, 개별 일개미들은 자기들의 일을 매우 신속하게 재조정할 것이다. 그들 중 약간은 알들과 애벌레들을 집들의 아래 층 방들로 내려다 놓을 것이며, 약간은 자기들의 이전 일을 그만두고 집의 수리 작업을 시작할 것이다. 그들 중 약간은 이전에는 위협을 당한 적이 없었던 지역들에서 방어적 자세들을 취할지도 모른다. 물론 이 모든 것이 진행되는 동안 그들은 계속해서 식량을 모으고 여왕을 돌보아야 한다. 개별 개미가 어떻게 이런 변경들을 하기로 "결정할까?" 다시 말하면, 이것은 우리가 진화 이론과 여러 사회적 종들을 검토하고 난 후 다루게 될 것이다.

그러나 일종의 예습으로서 나는 인간들이 경제(economy)와 정부(government) 둘 다 가지고 있다는 점을 말하고 싶다. 사회적 곤충들과 기타 사회적 종들은 보통 경제만 가지고 있지 정부는 가지고 있지 않다. 사람들은 정부를 경제의 기능을 위한 필요한 전제조건이라고 생각하는데, 그래서 이 명제는 괴상하게 여겨질지 모른다. 나는 정부가 인간 경제의 작동을 위하여 필요하지 않다는 점을 논하려는 것이 아니라, 내가 다루게 될 사회적 종들이 정부를 필요 없게 하는 자동적인 행동 유형들을 지니고 있다는 점을 논하려는 것이다. 혹자는 대뇌가 인간에게 주는 큰 신축성 때문에, 해결하는 데 정부가 필요한 문제들이 제공된다고 말할지 모른다. 신축성이 덜한 사회적 종들은 정부 없이도 잘 살아 갈 수 있다.

이것은 나를 또 다른 문제로 이끈다. 인간 사회들은 내가 사회에 관한 나의 정의로 사용해 온 협동적인 노력들뿐만 아니라 명령 구조들(command structures)도 가지고 있다. 인간 사회들에는 명령 없는 조정과 명령 있는 조정이 있다. 설상가상으로 그들은 또한 격렬한 비협동, 즉 전투도 하는데, 이것은 학생들의 싸움에서와 같이 순전히 개별적일지도 모르고, 두 군대가 서로 싸우는 것처럼 매우 계서적일지도 모른다.

대체로 인간 이외의 사회적 종들은 이러한 계서제들(hierarchies)을 가지고 있지 않은데, 하기야 우리는 그들이 계서제(階序制)들을 닮은 어떤 것을 가지고 있는 약간의 사례들을 보기는 할 것이다. 인간 사회들에는 항상 계서 혹은 명령 구조들과 협동 혹은 비명령 구조들이 혼합되어 있다. 심지어 스탈린(Stalin) 치하의 소련에서처럼 외형적으로 완전히 획일적이고 자유가 없는 조직에서조차, 개별 소련인들 사이의 대단히 많은 상호작용들이 상부로부터 직접 지시를 받은 것이 아니라는 점은 여전히 사실이었다. 그들은 협동적이었다.

이 협동은 고위층의 요구들과 직접적으로 대립될지도 모른다. 예를 들면 암시장은 비록 정부가 그것을 박멸하기 위하여 매우 끈질긴 노력들을 행했지만 소련 경제에는 매우 큰 비중을 차지하였다. 심지어 경제의 합법적인 부분 안에서조차, 많은 협동적인 행동이 존재했다. 개별 경영자들은 상부로부터 지시를 받지는 않았지만 정치국의 더욱 일반적인 계획들에 부합되는 거래들을 상호간에 할지 모른다.

물론 어떤 계서체제에서든 이러한 협동의 필요가 가장 극단적인 경우는 계서제의 최고 권력자가 권좌에서 물러나거나 살해 당할 운명에 처한다는 사실에 관한 것이다. 스탈린은 철저하게 경호되는 영역에서 잠을 잤지만, 그는 자신의 비밀 경찰을 완전히 신뢰하지는 않았다. 그의 침실은 자물쇠로 채워졌고, 침실에의 출입은 심지어 그가 그 곳에 없다 하더라도 스탈린 자신에 의하여 매우 철저하게 제한되었다. 그는 잠자고 있을 때는 자신이 다소 무방비 상태라는 사실을 알고 있었으며, 자신의 경호원도 완전히 신뢰하지는 않았다.

참으로 스탈린은 이것 때문에 그가 죽은 그 때에 죽었을 가능성이 있다. 그의 딸의 말에 의하면, 그가 그 날 아침 침실에서 바깥으로 나오지 않았을 때, 현장 경호 책임자는 상당한 시간을 기다리다가 문을 부숴 열었다. 의료진료가 좀 더 빨랐더라면 스탈린의 목숨을 구할 수 있었을 것이다. 반면 경호대장이 침실 문을 부수고 들어갔는데 스탈린이 그저 늦잠을 자고 있는 것을 발견했을 경우의, 경호대장의 자기 자신의 신변에 대한 염려도 확실히 이해할 수 있다.

그러나 반복하면 그런 계서제들은, 비록 그것들이 내가 별로 논의하지 않을 다른 종들에서 알려져 있지 않은 것은 아니지만, 주로 인간 사회들에서 발견된다. 개미들 및 흰개미들과 같은 더욱 복잡한 사회들은 이런 지배체제를 가지고 있지 않다. 초기 연구자들은 여왕벌이[6] 사실상 지배한다고 생각하고서 그 상황을 오해했다. 아무튼 우리는 고등 종들에는 별로 관심을 기울이지 않을 것이고, 더욱 단순한 실체들(entities)로 구성된 더욱 복잡한 사회들(societies)에 주로 관심을 가질 것이다.

그러므로 다음 장은 진화의 이론과 그것의 사회들과의 관련성을 논의할 것이다. 그 다음 제3장에서는 상이한 실체들 사이에 협동을 얻는 것의 기본적인 문제들에 관해 설명할 것이다. 제2장은 본질적으로 생물학이 될 것이고, 제3장은 경제학으로부터 도출된 것일 것이다. 그 다음에는 구체적인 비인간 사회들(non-human societies)을 다루는 많은 장들이 있을 것이다. 이것들은 주로 비생물학자들을 위하여 씌어진 것인데, 물론 생물학자들도 그들 중 약간에 흥미를 느낄지는 모르겠다. 문제가 제시된 후 우리는 그 해결책으로 관심을 돌릴 것이다. 이 책은 경제학과 생물학 사이의 간격을 메우기 위해 씌어졌다. 나는 두 학문 분야의 사람들이 이 책에 흥미를 느끼기를 바란다.

---

6. 그들은 그녀가 왕(king)이라고 생각했다.

▌제 2 장　사회의 유전학

매우 단순한 실체들의 행동의 많은 부분이 유전에 의하여 통제된다는 점은 분명하다. 실체가 더욱 복잡해짐에 따라 그것이 자신의 유전자들에 의하여 통제되는 정도는 줄어들고 환경적 통제는 증가한다. 진행의 맨 위인 인간들에 관해서는, 우리의 활동들의 얼마나 많은 부분이 유전된 것이고 얼마나 많은 부분이 환경적인 것인지에 관해 상당한 논쟁이 있다.[1]

이 장은 유전에 의하여 통제되지 양육되거나 살아가는 상이한

---

1. 극단적인 사례를 들면, 애덤 스미스(Adam Smith)는 그것들을 전적으로 환경과 훈련의 문제라고 믿었다. 사실상 아주 많은 다른 사례들처럼 이 사례에서도 확실히 말하기는 매우 어렵다. 인간들은 자신들의 유전에 의하여 깊게 영향을 받지만, 자신들의 환경에 의하여서도 영향을 받는다. 예를 들면, 일본인의 평균 신장은 대략 1860년부터 매우 급속도로 증가되어 왔다. 이것은 어린이가 양육되는 개선된 조건들에 기인된 것이지, 유전자들의 변화에 기인된 것이 아니다. 반면 인간 행동의 정확하게 몇 퍼센트(%)가 유전적이고 얼마나 많은 부분이 환경적으로 통제되는지는 말하기가 아주 어렵다. 이 책을 위하여 다행스럽게도, 우리는 단순한 실체들에 대해서는 인간들의 경우보다 환경적인 통제는 덜 중요하고 유전적 통제가 더 중요하다는 것을 알고 있다.

조건들에 의하여 통제되지 않는 부분의 인간 이외의 사회(non-human societies) 행동에 거의 전적으로 할애될 것이다. 따라서 예를 들면 개미 종에서 병정개미들은 보통은 일꾼들과 같은 유전적인 인자들을 가지고 있다.[2] 다른 점은 성장하는 동안 그들이 양육되어 온 방식이다. 한 마리의 여왕이 있는 대부분의 사회적 종들에서는 그 여왕 역시 일꾼들과 동일한 유전자들을 지니고 있지만, 그녀의 "양육"은 다르다. 반면 서로 다른 종들의 벌들의 행동의 차이는 분명히 유전된다.

이런 유전적인 계승을 검토해 보자. 나는 우선 생물학의 금언들 중의 하나인 집단 선택(group selection)과 개체 선택(individual selection)의 차이를 논의하는 것으로부터 시작하겠다. 이 목적을 위하여 몇몇 초기 연구자들이 제안한 신화(myth)로 관심을 돌리자. 비비들은 표범들의 먹이가 된다. 이들 초기 연구자들은 큰 수컷 비비들이 뛰어나가 표범을 공격하는 사례들을 목격한 적이 있다고 주장하였다. 이것은 행하기가 극히 위험한, 즉 사실상 거의 자살과 다름없는 일일 것이다. 반면 그것은 확실히 비비 종족들이 존속할 가능성을 증가시킬 것이다. 이들 연구자들은 일정 수컷 비비들 쪽에서의 이런 영웅적 행동에 깊은 인상을 받았다.

이 신화에는 두 가지 문제점이 있는데, 그 하나는, 비교적 최근

---

2. 만약 그들이 하나를 넘는 여왕을 가진 집들에서 서로 다른 여왕들의 딸들이거나, 그 여왕이 여러 수컷들과 수정을 했다면, 그 유전자들은 다를 것이다. 그러나 우리가 알고 있는 한, 일꾼 집단의 유전자들의 혼합은 병정 집단의 유전자들의 혼합과 동일하다.

의 연구자들은 표범들을 공격하는 비비들을 본 적이 없다는 것이다. 그러나 다른 하나는 순전히 이론적인 것이다. 비비 종에, 하나는 수컷들이 뛰어나가서 표범들에 대항하여 집단을 방어할 마음이 들게 하고 다른 하나는 그런 마음이 들게 하지 않는, 동일 유전자의 두 가지 대립형질들(alleles)이 있다고 가정해 보자. 우리는 그것들을 영웅적인(heroic) 것들과 신중한(cautious) 것들이라고 부를 것이다. 종족 내부에 꽤 많은 영웅적인 유전자들을 가진 비비 종족들은 주로 신중한 유전자들을 가진 종족들보다 표범에게 잡아먹히는 경향이 덜할 것이며, 그래서 번창하는 경향이 있을 것이다.

반면 각각의 이런 종족들 안에서는 영웅적인 유전자를 가진 개개의 비비는 표범들에 의하여 잡혀 죽는 경향이 있을 것이고, 신중한 유전자를 가진 비비들은 영웅들의 보호 아래서 번창하는 경향이 있을 것이다. 비비 종족은 종족 안에서는 영웅들의 비율이 높아지는 쪽으로 선택될 것이며, 개개의 비비들은 신중한 유전자들 쪽으로 선택될 것이다.

이 문제에 대한 표준적인 생물학적 해결은 신중한 대립형질의 개체 선택이 영웅적인 것의 집단 선택을 능가해서, 그 결과 종국적으로 영웅적인 것들이 표범들에 의하여 도태 당할 것이라는 것이다. 잘 알 수 있는 바와 같이, 비비들은 전체적으로 이 결과로 당연히 상태가 훨씬 더 나빠질 것이다. 즉 만약 이런 영웅적인 행동이 자주 있었다면 존재할 것보다 비비들은 전체적으로 더 적어질지 모른다. 그러나 생물현상은 전체 종(species)을 위해 최선인 것을 선택하지 않고, 개개 유전자 계승들에 유리하게 선택한다. 만약 당신이 당신과 관계가 없는 사회 구성원들을 보호하기 위하여 자살을 감행한다면, 당신의 유전자들은 영속되지 않고 그들의 유전자들이 영속될 것이다.

그런데 이것을 읽는 생물학자는 내가 포괄적 적응도(inclusive fitness) 혹은 해밀턴적 이타주의(Hamiltonian altruism)라는 것에 관하여 아무 언급도 하지 않았다는 점을 알아차릴 것이다. 그것은 내가 그것을 이해하지 못해서가 아니라(개인적으로 나는 그것을 차라리 친족주의(nepotism)라고 부르고 싶다), 몇 단락 동안 그것의 논의를 연기하고 싶기 때문이다. 그러면 당분간 어떤 이타주의-친족주의 없이 계속하기로 하자. 나는 차후에 그것을 도입할 것이다.

그러한 개체 선택 대 집단 선택의 이론은 실제적인 행동의 관찰뿐만 아니라 상당히 많은 수학적인 연구의 주제였다. 이런 수학적인 연구는, 집단의 수명이 개체 수명과 비슷하거나 더 짧은 것이 아니라면 개체 선택은 항상 집단 선택에 승리할 것이라는 일반적인 결론에 도달하였다. 집단 수명이 개체 수명보다 짧다는 조건이 존재하는 조직화된 집단들이 동물계 안에는 거의 없기 때문에, 이것은 거의 집단 선택을 제외한다고 생각되었다.

그러나 사실상 사회적 종들에 대해서는 이런 법칙에 의해 집단 선택이 불가능하게 되지는 않았는데, 그 이유는 만약 지나치게 많은 이기적인 개체들이 존재하면 전체로서의 사회가 소멸하는 환경에 사회적 동물들, 식물들 등이 적소(適所)들(niches; 생태적 지위들)을 차지하고 있다는 사실 때문이었다. 그것은 한 개체의 수명 기간 안에 당연히 소멸할 수도 있다.

벌들과 같은 고등 종들을 포함하여 대부분의 사회적 종들은 그들의 어떤 구성원들 쪽에서 조금은 이기적인 부정행위를 정말 한다. 예를 들어서 어떤 종들에서는 일꿀벌들이 때때로 봉방(蜂房)들의 하나에 알을 낳을 것이다. 이 일벌의 알들은 집의 유지에 기여할 수 없지만 유전자들을 영속시킬 수펄들로 발육할 것이다. 만약 이런 일이 대규모로 일어나고, 만약 그렇게 낳은 알들이 실제로 길러지게 되면, 그 집은 사라지게 될 것이다. 사실상 이런 경우들에는 다른 일벌들이 보통 이 일벌의 알들을 먹어 버린다. 아무튼 그들에게는 보통 음식물이 제공되지 않는다. 그러나 만약 이런 습성이 보편화되고, 개개 벌들이 자기들의 알들을 보호한다면, 그것은 한 세대 이내에 벌집을 파괴할 가능성이 아주 높다.

그런데 분명히 이것은 단지 이론적인 명제이지 우리가 관찰해 온 것은 아니다. 그러나 많은 사회적 곤충들의 집에 살면서 집의 효율성을 감소시키는 많은 기생충들이 있다는 점은 사실이다. 만약 그것들이 너무 흔해지면, 그 집은 분명 없어진다.

사회적 종들은 고도의 행동의 동질성(homogeneity)을 필요로 하는데, 그 일부는 개별 개미, 흰개미 등에게 직접 도움이 되지 않는 활동에 종사하는 것을 포함한다. 이것은 집단의 약간의 구성원들이 다른 구성원들에 대하여 "무임승차하는"(free ride) 기회를 제공할 것이다. 경제학자에게는 이것은 어떤 종류의 경찰기구(police mechanism)가 사용되어야 한다는 것을 암시한다.

종의 개별 구성원들은 예를 들면 무임승차자를 처벌할 마음이 일어나게 할 유전자를 가지고 있을지 모른다. 그런 유전자가 존재한다면 그것이 작용하겠지만, 불행하게도 그 유전자 그 자체도 똑같은 비판을 받지 않으면 안 될 것이다. 뛰어나가서 표범들과 싸우지 않는 다른 비비들을 처벌하는 특정 비비들은 그 무리에게 이익이 될 것이지만, 수동적으로 단순히 관망하는 비비들보다 살아남을 가능성이 더 적을 것이다. 그것은 한 단계가 제거된 동일한 문제이다.

비비들 및 이리들과 같은 동물들에서는 그 문제를 취급하는 방법이 있지만, 그것은 유전자 꾸러미(gene package)가 매우 정밀하지 않다는 가정을 필요로 한다. 흔히 공중으로부터 면밀하게 조사되어 온 로열 섬(Isle Royale; 슈피리어 호 안에 있는 섬) 이리들을 고찰해 보자. 겨울이 되면, 그들은 무스(moose)를 공격하는 무리들을 형성한다. 이것은 위험스런 활동인데, 무스는 필경 멈추어 설 것이고 그렇게 되면 돌진해서 무스를 물어뜯으려고 시도하는 한 무리의 이리들에 의해 둘러싸일 것이기 때문이다. 만약 이리들이 성공하면, 그 무스는 죽을 것이고, 전체 무리는 그것을 먹을 수 있다. 그러나 무스는 발길질로써 자신을 방어하는데, 아주 큰 동물이므로, 어떤 이리에게나 잘 가해진 발길질은 이리를 끝

장내기 쉽다. 무임승차하는 이리는 무스를 물기 위하여 돌진하는 척하지만 사실상 무스의 발굽들이 닿을 수 없는 멀찌감치 머무를지도 모른다.

그러나 용감한 유전자가 있다고 가정해 보자. 이 유전자는 그저 용감한 행동을 낳을 뿐인데, 그것은 무스와 맞설 때 용감하게 행동하는 것뿐만 아니라 이리 무리 안에서 짝짓기에 관심을 갖고 있는 다른 이리와 맞설 때도 용감하게 행동한다는 것을 의미할 것이다. 만약 그 대안이 두 상황에서 자제하라고 명령하는 신중한 유전자(cautious gene)라면, 용감한 유전자들이 다음 세대에는 신중한 유전자들보다 더욱 많이 퍼질지 모른다. 이 동일한 기제가 물론 비비들에게도 적용될 수 있을 것이지만, 그러기 위해서는 그 유전자들은 이익과 잠재적인 비용 둘 다 존재하는 이질적인 상황들을 구별할 수 없다는 가정을 필요로 한다는 점을 주목하라.

생각하건대 이것은 이리들에게는 적용될지 몰라도, 개미들, 흰개미들 등에게 이런 계통의 추론을 사용하기는 어렵다. 실제적으로 불임 일꾼 계급이 존재하는 종들의 경우에는 문제가 사실상 그리 심각하지 않다. 불임 일꾼들은 아무튼 생식할 수 없기 때문에, 전체 유전적인 부담은 알을 낳는 여왕(들)이나, 흰개미들의 경우에는 알을 낳는 쌍(들)이 진다. 유전 계통의 관점으로부터 볼 때 일꾼들은 중요하지 않은 데, 그것은 당신의 몸에서 몸의 나머지 부분을 보호하기 위하여, 특히 생식에 관여하는 부분을 보호하기 위하여, 매일 “기꺼이” 자살을 감행하는 피부 세포들이 중요하지 않은 것과 같다.

피부에게 이런 종류의 희생을 하도록 요구하는 유전자들은 아무튼 기본적으로 다음 세대의 조상이 될 수는 없다. 그 유전자들이 다른 인근의 세포들의 “자손들”(children), 즉 복제들(clones)이라는 점은 사실이며, 그것 때문에 그들은 몸에서 자기들의 가까운 이웃들의 유전자들을 보호함으로써, 그리고 특히 내부 깊숙하게 들어있는 성(性) 잠재 유전자들을 보호함으로써, 자기들 자신의 유전자들을 영속시키고 있다고 주장될 수는 있을 것이다. 이것은 그들이 자기들 자신의 유전자들을 영속시키는 데 사용할 수 있는 유일한 기제이다.

여기서 내가 논의의 주제에서 잠시 벗어나 말하고 싶은 것은 생물학자들은 개별 식물들, 동물들, 세포들, 기관들 등에 관해 말할 때 매우 흔히 그것들이 면밀하게 전략을 생각해 내고 그것을 수행하고 있는 듯한 말로 이야기한다는 점이다. 물론 이것은 사실이 아니며 생물학자들이 의도하는 바도 아니다. 그들이 말하고자 하는 것은 진화가 그것들을 선택해 온 방향은 만약 그것들이 그 문제를 면밀하게 숙고했거나 아니면 그저 자기들의 유전자들의 생존을 최대화하려고 했다면 수행하려고 계획했을 특정 행동의 방향이라는 것이다. 여기에 함축되어 있는 “의인화”(anthropomorphizing)는, 전혀 의인적이지 않지만 (당신이 영어로 말하고 있다면) 다른 용어들로 논하기 어려운 문제를 다루는, 그저 편리한 방법일 뿐이다.

만약 사회적 종이 차지하는 적소(niche)가 그 종의 고립된 구성원들에게 적합하지 않다면 무임승차에 대한 억제는 특히 강력하다. 혼자 사는 흰개미는[3] 번식하는 것은 말할 것도 없고 살아남을 수도 없을 것이다. 따라서 일개미가 취하는 행동으로서 집 속에서의 자신의 생존 가능성은 증가시키지만 집의 존속 가능성을 낮추는 어떠한 행동도, 집의 안전을 위협하는 정도가 매우 작다면 몰라도, 기본적으로 그 개별 개미의 유전자들에게는 역효과적일 것이다.

자연의 세계는 고도로 경쟁적인 세계이다. 완전히 협동적이고 효율적인 방식으로 행동하고 있지 않은 개미들을 상당히 많이 안에 지니고 있는 개미집은 이런 경쟁에서 패배하는 경향이 있을 것이다. 여러 세대가 걸릴지 모르지만, 그럼에도 불구하고 이런 일은 일어날 것이다. 따라서 어떻게 하여 그 집에 기생하기 시작해서, 가정컨대 어떻게 하여 자기 자신의 유전자들을 번식시킨 일개미는 사실상 자살하고 있거나 자기 자신의 유전자들을 절멸시키고 있을 것이다. 그것의 유전자 계통은 사라질 것인데, 왜냐하면 그것은 오직 집에서만 살 수 있는데 그 집이 사라질 것이기 때문이다.

물론 개미들의 집들도 흔히 공생동물들—주로 다른 곤충들—을 지니고 있는데, 이것들은 개미를 특별히 도와주지도 않지만

3. 다소 유사한 바퀴벌레들이 있긴 하지만, 혼자 사는 흰개미들은 없다.

손해를 끼치지도 않는 것들, 개미들에게서 얻어먹고 보살핌을 받음으로써 집에 조금 손해를 주는 것들, 혹은 어떤 경우들은 개미집이 사라질 만큼 충분히 개미집에 해를 입히는 것들 등이다. 추정컨대 특별한 하위계통의 개미들도 이와 동일한 방식으로 행동하는 것이 가능할 것이다.

하나의 특별한 개미 종이 있는데, 여기서는 여왕들이 개별적으로 다른 개미들의 개미집들에 들어가서 고생 끝에 여왕의 방(royal chamber) 속으로 들어간다. 그리고는 그들은 그 곳의 여왕을 죽이고 그 곳의 일꾼들에 의하여 마치 자기들이 여왕 자신인 것처럼 대접받는다. 새로운 "여왕," 그녀의 알들, 그리고 애벌레들은 일꾼들에 의하여 돌봐진다. 그들 모두는 물론 그 특정 집을 떠나는 번식자들이 된다. 결국 그녀가 도착할 때 그곳에 있던 토박이 일꾼들은 죽고 그녀도 역시 죽는다. 그러나 그녀가 낳은 많은 번식자들은 숙주 일꾼들의 보살핌 아래 그 종을 이어간다.

자연법칙인 만인의 만인에 대한 투쟁에서 이것은 놀라운 것이 아니다. 그러나 이 특별한 개미 종은 존속을 계속하기 위해서는 모든 숙주 개미들을 전멸시키는 짓을 억제해야 한다는 점을 주목하라. 이것이 정확하게 어떻게 행해지는지는 분명하지 않다. 추정컨대 번식자들의 기대수명이 매우 짧고, 그래서 숙주 개미집을 장악하는 데 성공하는 것들이 그리 많지 않아서일 것이다. 만약 그것이 사실이 아니라면, 숙주 개미 종과 기생 종 양측 다 존재하지 못할 것이다. 이 경우에는, 다시 한 번 말하자면, 그 여왕은 개미집을 점거했을 때 자기 자신의 유전자 계통을 소멸시키고 있을 것이다.

협동적인 노력은 그 특정 집의 존속을 위하여 필요하다. "이기적" 행동은 집의 소멸과 아울러 개개 비협동적 사회적 곤충의 유전자들의 소멸을 초래할 것이다. 그것은 진정으로는 이기적인(egoistic) 것이라기보다 오도된(misguided) 것일 것이다. 사회적 종들은, 오직 아주 큰 조직화된 집단들만이 번창할 수 있으며 그래서 만약 필요한 행동유형들을 가지지 못하면 그것들이 사라질, 적소들을 발견해 왔다. 이것은 그것들이 모든 그런 적소들을 차지하고 있다는 점을 증명하지는 않지만—많은 상이한 사회적 종들에 대해 우리가 아직 발견하지 못한 잠재적인 적소들이 있을지 모른다—, 사회적 종의 개별 구성원은 철저하게 이기적이어서는 안된다는 점은 여전히 사실이다.

너무 많은 이기적인 유전자들이 집에 존재한다면 집은 소멸하고 번식되지 않을 것이며 그러므로 그런 이기적인 유전자들도 번식되지 않을 것이라는, 내가 위에서 언급한 집단 선택의 문제 이외에도, 무임승차에 대한 간단하고 직접적인 사전 예방책이 있다. 즉 사회의 많은 구성원들은 육체적으로 번식할 수 없을지 모르고, 그래서 이기적인 활동은 그들의 쪽에서 다음 세대에 전해지지 않을 것이다.

내가 알고 있는 모든 사회적 곤충들에서는 번식 기능은 협소하게 전문화되어 있다. 거미들은 대부분의 비전문가들이 곤충으로 생각하지만, 생물학자들에 의하여 그것들 자신의 특별한 분류가 부여된다. 사회적인 거미들(social spiders)이 있는데, 그것들은 번식을 그렇게 협소하게 한정시키는 것 같지 않다.[4]

순수한 경우(pure case)에는 정확하게 한 마리의 번식 암컷이 존재하는데, 이것은 불행하게도 사람들이 생각할지 모를 만큼 그렇게 흔하지는 않은 체제이다. 그러나 그것은 두 마리 이상이 존재하는 흔한 경우보다 논의하기가 더 쉽다. 순수한 경우의 그런 상황에서는 그 때의 사정에 따라서 일벌들도 되고 일개미들도 되는 그들은 번식할 수 없다.[5]

이런 상황에서는 분명히 개별 불임의 일꾼은 유전될 수 있는 아무런 이기적인 특성들도 정말 가지고 있지 않은데, 왜냐하면 아무것도 자신으로부터 유전되지 않을 것이기 때문이다. 한 마리를 넘는 여왕이 있는 그런 경우들도, 대부분의 일꾼들은 자기들의 유전자들을 영속시킬 수 없고, 그래서 유전적인 이기주의가

---

4. 사회적 거미들은 다소 신비스런 집단인 것 같다. 아무튼 나는 그들이 어떻게 조직되는지에 관하여 여태껏 분명히 알 수 없다. 그러나 우리는 개별 암거미들이 먹이를 잡는 데 덫으로 사용하는 커다란 초거미줄(superweb)에 자기들 자신의 집들을 가지고 있다는 점을 분명 알고 있다. 이 개별 집에 그들은 자기들 자신의 알을 기른다. 이 점을 잘 기술하고 있는 것으로, J. W. Burgess, "Social Spiders," *Scientific American*, 1976, 234(3): 101-106을 보라.
5. 때때로 이것은 단지 여왕이 존재하는 한 그들이 번식 할 수 없다는 것뿐이다. 그러나 보통, 만약 그들이 죽은 여왕에 직면하여 번식을 시작한다면, 그들은 오직 수컷들만 낳고, 그래서 집은 소멸하게 된다.

발달할 수 있는 방법이 없다는 점이 여전히 사실일 것이다. 그러나 이 모든 것은 이 장 후반부에서 내가 실제적인 번식 절차에 관심을 돌릴 때 더욱 철저하게 논의될 것이다. 당분간 우리는 그저 이런 종류의 현상은 개체 선택을 불가능하게 함으로써 집단 선택을 가능하게 할 것이라는 점만 지적한다.

많은 종들의 개미들과 기타 사회적 곤충들은 하나를 넘는 번식 여왕이나 번식 체제를 가지고 있다. 예를 들면 흰개미들은 왕 부처(royal pair)를 가지고 있는데, 만약 어떤 일이 왕 부처에게 일어나면 그들은 왕 부처를 일단의 승진된 일꾼들로 대체한다. 그들은 왕 부처만큼 번식력이 풍부하지는 않지만, 그 수가 많아서 집을 존속시킬 수 있다. 많은 개미들은 한 마리를 넘는 여왕들을 가지고 있는데, 우리는 잠시 후 번식이 결코 단순하지 않은 다른 사회들에 관심을 돌릴 것이다.

그럼에도 불구하고 우리가 지금까지 발전시켜온 일반적인 명제는 옳을 것이다. 대다수의 사회적 종들에서는, 개체들의 "이기적인" 행동으로 인한 조정의 실패로 전체로서 집이 소멸하게 될 것이고, 그래서 그 "이기적인" 개체 역시 죽는다. 따라서 그런 유전자들은 영속되지 않을 것이다.

이제 사회적 사회들의 연구자들이 많은 관심을 가져 왔던 주제인 유전(heredity)으로 관심을 돌리자. 번식의 가장 단순한 방식은 무성생식(cloning)인데, 여기서는 세포들이 단순히 두 개의 똑같은 세포들로 분열된다. 이 방식은 박테리아에[6] 의하여 사용되고 때때로 약간의 고등 동물들에 의해서도 사용된다. 그것은 또한 많은 식물들에 의하여서도 사용된다. 두 가지 명백한 예를 들면, 사회들로 간주되어야 한다고 내가 생각하는 사시나무 포플러 숲(aspen groves)은 무성생식이며, 대나무 숲(bamboo clumps)도 그렇다. 이런 집단들은 서로 땅 밑 접촉을 유지한다. 많은 것들이 동종(同種)들과 땅 밑으로 접촉하는 것같이 보이는 것은 나무들의 다소 신비스러운 특성이다. 이것으로 사회가 되는지 아닌지 나는 모른다.

또한 무성생식에 종사하는 동물들도 있다. 진딧물들은 몇 세대에 걸쳐 무성생식을 행하고, 일정 파충류들도 그렇다. 그러나 진딧물들 사이의 무성생식은 유성생식을 위해 보통 몇 세대 후에 중단된다. 무성생식이 매우 크게 계속되는 종들도 있다. 분명한 사례들은 군체를 이루는 강장동물들(colonial coelenterates)인데, 그것들의 많은 것들은 (확신하건대 심지어 비생물학자 독자조차도 잘 알고 있을) 해파리들이다. 사실상 이것들은 무성생식으로 만들어진 매우 많은 수의 다소 작은 동물들의 군체들이다. 무성생식이 진행됨에 따라 개별 폴립들(polyps; 히드라 충류)은 전문화하게 되는데, 그것들의 약간은 침(針) 세포들, 입 부분들 등으로 된다. 그러나 그것들은 모두, 당신 몸의 모든 세포들이 최초

6. 여러 세대 후 박테리아는 보통 소위 "접합"(conjugation)이라는 것에 종사하는데, 이것은 분명히 성교가 수행하는 것과 동일한 기능을 수행한다.

의 단세포 수정란의 복제들인 것처럼, 동일 유전자 집단의 복제들이다.

실제로 무슨 일이 일어나는가를 설명하는 가장 손쉬운 방법은 도킨스(Dawkins)가 『이기적 유전자』(*The Selfish Gene*)에서 만들어낸 유추이다.[7] 이런 유전자들은 도킨스가 "생존 기계들"(survival machines)이라 부른 것들을 창조하는데, 후자는 친애하는 독자 여러분이 하나의 예인 동물들과 식물들이다. 그리고는 이런 유전자 집합은, 반복하면, 당신이 하나의 예인 어떤 종류의 커다란 보호 기제를 만듦으로써만이 시간에 걸쳐 스스로를 영속시킨다. 뿐만 아니라 이런 유전자들은 완전히는 아니지만 아주 크게 그 보호 기제의 구조를 결정한다. 적어도 정신적인 문제들에 관한 한 유전자들이 개미들에 대해서보다 인간들에 대해서는 훨씬 덜 중요할 것 같지만, 그것들이 적어도 어느 정도까지는 심지어 인간들에게도 중요하다는 점은 명백하다.

유전자의 관점에서 그 문제를 고찰하면, 문제는 단지 어떻게 스스로를 영속시키느냐 하는 것이다. 그런데 이 말로 나는 유전자가 주의 깊게 그 문제를 심사숙고한다는 것을 의미하는 것은

---

7. 도킨스(Dawkins)의 책은 탁월한 대중화와 과학적인 지식에의 공헌이라는 두 가지 면 모두에서 놀랄 만하다. 그것이 공헌인 이유는 그가 유전학의 기초들을 자신의 문제들에 대하여 엄밀하고 확고하게 적용시켰기 때문이다. 출판 이후의 발전들이 그의 연구의 약간을 낡은 것으로 만들었지만, 여전히 읽을 가치가 있다. R. Dawkins, *The Selfish Gene*, Oxford: Oxford Press, 1976.

아니다. 내가 말하려고 하는 것은, 모든 유전자들이 그렇듯 유전자는 위험한 세계에서 살기 때문에, 특정 유전자의 복제들의 수는 각 세대에서 증가되거나 감소될 수 있다는 것이다. 잠시 후 존재하게 될 것은 오직 증가되거나 안정적으로 남아있는 유전자들뿐이다. 따라서 유전자가 그 수를 증가시키려고 한다거나, 적어도 그 자신을 보호하려고 한다는 진술은, 존재하지도 않는 어느 정도의 의식적인 계획을 내포하고 있다. 그럼에도 불구하고 그 말은 현재 진행되고 있는 것에 꽤 잘 들어맞는다.

유전자는 자신을 보호함으로써, 혹은 자신과 동일한 다른 복제물들을 보호함으로써, 다음 세대에서 그 자신의 복제물들의 수를 증가시킬 수 있다. 예를 들어 한 특정 유전자가 두 개의 다른 동일 복제물들을 생존시키기 위하여 자신을 희생했다고 가정해 보자. 이것은 이 특정 유전자가 이런 영웅적인 행동을 하지 않았다면 존재할 것보다 더 많이 그러한 복제물들이 다음 세대에 존재할 것이라는 것을 의미한다.

이것은 소위 "포괄적 적응도 혹은 해밀톤적 이타심"의 기초이다. 나로서는 그것을 "친족주의"(nepotism)라고 부르는 것이 더 나을 것 같은데, 왜냐하면 본질적으로 그 유전자는 자기의 친척들을 보호하고 있기 때문이다. 내가 지금까지 진술한 이론에서 나는 가까운 친척들에 대하여 언급한 적은 없다. 사실 우리가 실제 세계에서 보는 다양성에서는 유전자들이 자신들의 복사체들을 "보호할" 기회를 제공받는 유일한 상황은 그들이 친척들을 보호하고 있는 상황들에서다.

인간은 자신의 형제를 보호하기 위하여 50/50까지 죽음의 확률을 기꺼이 감수하고, 친사촌을 보호하기 위하여서는 1/4까지 죽음의 확률을 기꺼이 감수해야 한다는 등의 격언이 있다. 이 이론을 검증하는 것은 어려울 것이지만, 그것은 달리 설명하기가 어려운 동물들, 식물들 등 쪽에서의 많은 행동을 설명해 준다.

내가 정말 옳다고 믿는 이 일반적인 생물학적 정설을 가지고 언쟁을 벌이고 싶지는 않지만, 나는 위에서 언급한 특별한 형태의 집단 선택이[8] 동물 사회들과, 그 문제와 관련하여, 식물 사회들을 다루는 데 더욱 중요하다는 점을 주장하려고 한다. 그 이유는 아주 단순히, 많은 그런 동물 및 식물 사회들은 매우 가까운 친척들의 자손이지만, 다른 사회들은 그렇지 않기 때문이다.

그러나 자신의 친척들을 보호하고 도와줄 가능성을 철저하게 고수하면서 개미들, 벌들, 그리고 말벌들이 속하는 막시류의 곤충들이 사용하는 다소 특별한 번식 형태가 있다. 수컷들은 무정란에서 태어나고 오직 한 쌍의 염색체들을 가지고 있는 반면, 암컷들은 더욱 정상적인 두 쌍의 염색체들을 가지고 있다. 따라서 만약 한 마리의 수컷이 한 마리의 암컷과 짝짓기를 한다면, 암컷 자손은 모두 그 어머니의 두 쌍의 염색체들 중 하나의 쌍에 일치하는 유전자들을 가지지만, 그들 모두는 자기들의 아버지와 정확

---

8. 나의 "Economics of (Very) Primitive Societies," *Journal of Social and Biological Structures*, Vol. 13, No. 2, 1990, pp. 151-162를 보라.

하게 똑같은 염색체들을 가질 것이다. 자매들끼리의 관계의 정도는 75%이다. 즉 그들 모두는 그들의 염색체 쌍들의 한 쌍에서는 동일한 쌍의 유전자들을 가지지만, 다른 쌍에서는 50/50 확률로 차이들이 있다.

수컷은 오직 하나의 염색체 쌍만 가지고 있어서 말할 것도 없이 50/50의 확률로 관계가 있는데, 왜냐하면 그것은 어머니의 염색체 쌍들 중 어느 한 쪽의 복사체일 수 있기 때문이다. 자매들이 상호간에 관련되어 있는 것은 그들이 어머니나 아버지와 관련되어 있는 것보다 더욱 밀접하다는 점을 주목하여야 하는데, 왜냐하면 그들 유전자들의 50%만 아버지 혹은 어머니의 유전자들과 같은 반면, 75%가 자매의 유전자들과 같기 때문이다.

이것은 집에 오직 한 마리의 여왕만 존재하고 그 여왕은 오직 한 마리의 수컷과 짝짓기를 해 왔다는 점을 가정한다. 우리의 현 사례에서는 이것이 사실이지만, 결코 보편적인 것은 아니다. 여왕들을 공중에서 짝짓기 시킨 다음 지상으로 내려오게 하여 자기들의 집을 짓게 함으로써 번식하는 막시류의 구성원들은 당연히 대략 10 내지 20마리의 수컷들과 짝짓기를 한다. 이런 상황에서는 암컷 일꾼들의 관계는 .75보다 훨씬 작다. 이것은 아래에서 더 논의될 것이다.

이 모든 것은 당신이 당신의 유전자의 절반을 당신의 어머니로부터 유전받고 절반을 당신의 아버지로부터 유전받는 통상적인 유성생식 방식과 아주 다르다. 따라서 오직 한 마리의 여왕만 있고 그것이 오직 한 마리의 수컷과 짝짓기를 해 온 개미들, 벌들 등에서는, 내가 앞에서 기술한, 당신이 당신의 여형제를 구할 확률이 50/50 이상이라면 당신 자신을 기꺼이 희생시키려고 할 것이라는 기제는 더욱 강화된다. 막시류의 이러한 구성원들의 특별한 경우에는 그것은 25% 이상의 확률일 것이다. 환언하면, 당신이 말벌이라면 당신이 인간인 경우보다 당신은 여형제를 살리기 위하여 더 큰 위험을 기꺼이 감수하거나, 음식을 덜 소비하거나, 혹은 그와 같은 어떠한 것을 하려 할지 모른다.

이것은 개체들이 자기들의 친척들을 도와주는 사회적 체제가 다른 체제들 아래서보다 막시류의 곤충들 사이에서 더 많을 것이라는 점을 의미하는 것이라고 많은 생물학자들은 생각하고 있다. 그들은 이를 입증하는 증거를 지적할 수 있다. 어떤 다른 유사한 동물들 혹은 식물들 집단에서보다 막시류 곤충에서 사회적 집단들이 훨씬 더 많다.[9] 물론 사회적인 막시류 종들보다 고립적인 혹은 비사회적인 막시류 종들이 훨씬 더 많이 있다는 점을 명심해야 한다. 그렇지만 개미들이 아주 지배적인 집단이어서, 만약 당신이 그저 모든 사회적 막시류들의 무게를 단다면, 그것들의 무게는 나머지 비사회적 막시류 모두를 합친 것의 무게를 아주 여러 배로 능가할 것이다.

---

9. "유사한"이라는 말에 대한 강조에 주목하라. (뒤에 논의하게 될) 군체를 이루는 강장동물들과 해면동물들은 무성생식으로 생겨서, 그 결과 해파리의 부분들은 나머지의 생존을 위하여 일개미보다 더 기꺼이 희생하려고 할 것이다.

이것은 왜 사회적 습관들이 막시류 곤충들 중에서 생길 가능성이 더 많은지를 설명할지 모른다. 그러나 그것은 왜 사회적 습관들이 계속해서 존속하는지, 특히 여러 수컷들과 짝짓기를 해 온 다수의 여왕들이 있는 종들에서 그러한지를 설명하지는 못한다. 그것을 위하여 우리는 다른 설명들에 관심을 돌려야 하며, 나는 내가 위에서 언급한 특이한 형태의 집단 선택이 특이한 번식 방식보다 더 나은 설명이라고 생각한다.

반복하면, 이런 형태의 집단 선택은 정말 특이하다. 이런 커다란 공동체들 중 하나의 개별 구성원은 정말로 선택의 여지가 많지 않다. 일반적으로 그들은 심지어 번식력이 있는 자손들을 낳을 수조차 없을 것 같고, 그들이 그렇게 할 수 있다 하더라도, 사회적인 구조 없이는 그들은 다소간 무방비 상태이며 환경에 의하여 소멸될 것 같다. 따라서 자신의 유전자들 중 이웃의 일꾼의 유전자들과 같은 75%보다 그것들과 다른 25%에 더 많은 관심을 보였던 영리한 일개미는 협동하기로 결정할지 모른다.

비록 그 일개미가 집에서 일하고 여왕을 통하여 간접적으로 전달시키는 것이 아닌 어떤 다른 방법에 의하여 자신의 유전자들을 전달시키는 것이 가능하다 하더라도, 그런 방법을 쓴다면, 자신들을 보호하기 위한 집의 강력한 구조를 가지지 못할 것이기 때문에, 그런 유전자들은 확실히 사라질 것이다.

말하자면 개미들과 같은 더욱 고도로 발달된 막시류 곤충을 우리가 관찰하게 되면, 우리는 그것들의 많은 것들이 같은 집의 다른 일꾼들과 특별히 밀접하게 관련되어 있는 것이 아니라는 점을 발견하는 것 또한 사실이다. 첫째, 그들은 수백 마리에 이르기까지 아주 많은 여왕을 가질지 모른다. 둘째, 그 여왕들은 많은 다른 수컷들에 의하여 수정되어 왔는지도 모른다.

이것은 아주 최근까지 그저 이론적인 것이었지만, 지금은 집의 상이한 개미들의 DNA를 비교할 수 있어서 관계의 정도를 측정할 수 있는 직접적 방법이 존재하게 되었다. 횔도블러(Hölldobler)와 윌슨(Wilson)은, 자기들의 『개미』(*Ants*)의[10] 187-8쪽에, 대단히 많은 상이한 개미 종들의 구성원들에 대하여 이 새로운 방법이 보여주는 관계의 정도를 나타내는 표를 가지고 있다. 측정된 관계는 .75에서 .01까지 이른다. 심지어 후자의 수치도 두 마리의 무작위적으로 선택된 개미들 사이의 관계보다, 더 크지만, 그렇게 많이 크지는 않다.

많은 면에서, 관계가 낮은 그런 개미들은 가장 고도로 발달된 개미들이다. 오직 한 번만 수정된 한 마리 여왕이 아주 많은 후손을 생산한다는 것은 어렵고, 그래서 더욱 복잡한 개미 공동체들은 보통 여러 마리의 여왕들을 가지고 있다.[11] 물론 짝짓기는 공

---

10. Bert Hölldobler and Edward O. Wilson, *The Ants*, Belknap Press, Cambridge, MA, 1990. 표는 전체 문제의 탁월한 논의의 한 부분으로서 나타나 있다. 184-95쪽은 "친족 선택 이론의 검증"이란 표제가 붙여져 있는 긴 절로 이루어져 있는데, 이것은 그 질문에 관심을 가지고 있는 누구에게나 크게 도움이 될 것이다.

11. 보통은 그렇지만 항상 그렇지는 않다. 거대한 군대 개미 군락들은 보통 오직 한 마리의 여왕만 가지고 있다.

중에서 일어나지만, 여왕들이 오직 한 번만 짝짓기 한다고 믿을 명백한 이유는 없다.[12]

사회적 습관은 다른 곤충들보다 막시류 곤충에서 더욱 흔히 비롯된 것 같다. 곤충들 가운데서 최초의, 그리고 오늘날까지 여전히, 가장 고도로 발달된 형태의 사회적 곤충은 아마도 흰개미일 것인데, 이것은 사회적 개미들, 벌들, 혹은 말벌들보다 수백만 년이나 더 오래됐다. 그들은 왕과 여왕에 의한 통상적인 유성생식을 하는데, 더 나아가, 다시 한 번 말하자면, 이 왕 부처들이 더 많이 존재할지 모른다. 보통 오직 하나의 왕 부처만 존재하는 그런 종들에서는, 왕 부처에게 어떤 일이 일어난다면, 그들은 일꾼들을 승진시켜 간단히 왕 부처를 대체한다. 따라서 최대의 관계는 우리가 인간들과 다른 집단들에서 보게 되는 50%일 것이다.

물론 인간들은 단순한 보통의 유성생식을 하며, 우리가 아는 한, 초기부터 사회적 생활을 해 왔다. 인간들은 최근에 나타난 것이긴 하지만, 매우 성공적인 사회적 종이다. 시선을 돌려, 나는 무성생식을 언급한 적이 있다. 만약 관계의 근접성이 사회적 습관들을 창조하는 데 중요하다면, 무성생식의 종들은 추정컨대 가장 성공적인 사회적 집단일 것이다. 곤충들과 등뼈동물들 가운데는, 물론 진딧물들 사이에 병정들이 관찰되어 왔고 이것은 약간

12. 대부분의 벌들은 오직 한 마리의 여왕만 가지고 있다. 일벌들 사이의 관계의 정도는 아주 낮아서 여왕들이 적어도 10 내지 20마리 수컷들과 짝짓기했다는 점이 매우 확실하다.

의 진딧물들이 사회적이라는 점을 다소 함축하고는 있지만, 무성생식의 종들은 특별히 사회적인 것 같지는 않다.

물론 무성생식에 의하여 만들어진 거대한 다(多)개체 해파리나 산호는 통합된 행동의 극히 좋은 예이다. 다시 한 번 말하자면, 폴립들(polyps)은 해파리 혹은 산호 구조에서의 자기들의 직접적인 환경에 따라 어느 정도 다른 임무들을 가지고 있으며 흔히 육체적인 모습에서 아주 다르지만, 그것들은 모두 복제들이다.

우리는 폴립들이 막시류 곤충의 구성원들보다 훨씬 더 통합되어 있고 그 개체들이 자기들의 친척들의 유전자들을 위하여 막시류 곤충의 구성원들보다 더 기꺼이 스스로를 희생할 것이라고 예상할 것이다. 사실상, 관찰로부터 말할 수 있는 한, 이것은 사실이다. 설사 만약 당신이 거대한 해파리의 한 작은 부분인 폴립이라면 자신을 희생한다는 것이 정확하게 무엇을 의미하는지 알기가 약간 어렵다 하더라도, 이것은 사실이다.

변형균들이나 해면동물들처럼, 통상 언급되지 않는 다른 사회적 동물들이 있다. 그들은 모두 뒷장에서 다소 자세하게 논의될 것이지만, 해면동물들은 엄청나게 오래된 문(phylum), 즉 심지어 흰개미들보다도 더 오래된 것이라는 점은 말해야겠다. 우리가 위에서 부여한 사회적이라는 말의 정의들을 사용하면, 그들은 협동적인 행동에 종사하는 단세포로 된 아메바 모양의 실체들의 사회들이다.

그러나 다른 더욱 놀라운 집단은 뒤에서 다시 논의될 변형균인데, 여기에서는 개별 아메바 모양의 세포들은 자기들의 개별성을 포기하고, 핵들과 다른 세포 부분들의 일종의 건포도를 넣은 푸딩(plum pudding)으로 결합되는데, 후자는 통합된 행동에 종사한다.

내가 단지 언급만 하고 자세히 논의하지 않은 식물들이 남아 있다. 나는 그것들에 관하여 아주 많이 알지는 못하지만, 많은 식물들이 위의 사전에서 인용한 정의들을 사용하면 사회적인 것으로 간주될 수 있을 것이라는 점은 명백하다. 대부분의 생물학자들은 이런 집단들을 다루는 데 "사회적"이라는 용어를 사용하지 않지만, 그러나 그렇게 하는 것은 순전히 그 용어의 기술적(技術的)인 어법 때문인 것 같다. 여기서 다시, 적어도 많은 경우, 서로 이익이 되는 "행동"(behavior)에 종사하는 개체들이 있다. "행동"은, 사실상 식물이 행하는 모든 것이 그렇듯이, 비정상적으로 느리고 일정 방식들로 자라는 형태를 취하고 있지만, 여전히 그들은 분명 협동하고 그 협동으로부터 분명 이익들을 얻는다.

훨씬 더 극단적인 경우이면서 뒤에서 더 길게 논의될 경우는 물론 모든 대규모 동물인데, 이것은 최초의 수정란으로부터 무성생식으로 생긴 개별 세포들의 협동적인 집합이다. 그들이 협동한다는 것은 분명하다. 그들의 많은 수는 나머지를 위하여 보호물, 피부, 혹은 그런 종류의 어떤 것을 제공하기 위하여 죽는다는 점에서, 절대적인 문자 그대로의 의미에서, 자살한다. 이것은 뒤에 논의될 것이며, 다시 한 번 말하자면, 생물학자들은 이것을 사회로 부른 적이 별로 없다.

그러나 여기에 다른 문제가 있다. 협동적인 실체들이 서로 전혀 관련되어 있지 않다고 가정해 보자. 그것들은 다른 사회들이어도 좋다. 위에서 나는 지의류를 언급했다. 이것들은 발가벗은 바위 표면의 최초의 점유자들이 될 것 같은 억센 개척자들이다. 그것들은 사실상 진균류(fungus)와 시아노박테리아(cyanobacteria) 혹은 조류들(algae)과 같이 두 상이한 실체들 간의 협동적인 장치이다. 그들은 밀접하게 관련되어 있지도 않을 뿐만 아니라 심지어 동일 계의 구성원들도 아니다. 고등학교 시절 나는 진균류들은 식물계의 구성원들이고 박테리아는 동물계의 구성원들이라고 배웠다. 그 이후 이것은 더욱 더 복잡해져서, 지금은 다섯 계(kingdom)가 존재한다(동물계, 식물계, 균류계, 원생생물계, 그리고 모네라계가 그것이다—역주). 그러나 그들이 서로 다른 계의 구성원들이라는 점은 여전히 사실이다. 그렇지만 이것에 관해 더 많이 이야기하는 것은 아래로 미루겠다.

생물학자들은 이것을 사회라기보다 공생(symbiosis)이라 부른다. 용어들에 관하여 논쟁할 이유는 없고, 정말 우리는 잠시 후 "사회"의 사전적인 정의가 생물학자들이 "편리공생"(片利共生) 혹은 심지어 기생이라고 부르는 것들을 포괄하는 약간의 다른 경우들에도 관심을 돌릴 것이다.

지의류에 관하여 언급할 첫 번째 것은 생물학자들이 어떤 경우들에는 협동하는 두 종들을 분리하여 기르는 데 성공하였다는 점이다. 주로는 그들이 성공하지 못하였지만, 이것은 단지 생물학자들이 지루하고 특별히 중요하지 않은 일에 많은 정력을 투입하지 않았다는 것을 나타낼 가능성이 아주 높다. 우리가 이것을 사회라고 부를 수 있을까? 위에서 주어진 사전적 정의를 사용하면 그 대답은 긍정적이지만, 대부분의 생물학자들은 용어들을 그런 방식으로 사용하지 않는다. 우리가 앞에서 말한 것을 반복하면, 생물학자들은 지의류를 별도의 "형태문"(form phylum)으로 분류하여 이 문제를 다루어 왔다. 이 문에는 약 25,000개의 다른 종들이 있다.

이것은 협동하고 있는 것처럼 보이는 상이한 종들이 있는 유일한 곳은 아니다. 대부분의 흰개미들—터미터디(Termitidae)는 예외이다—은 그들의 주된 음식원인 나무를 소화할 수 없다. 그들은 자기들의 소화기관에 원생동물들을 지니고 있는데, 원생동물들은 자기들 자신과 흰개미를 위하여 나무를 소화한다. 원생동물과 그 숙주인 흰개미는 동일한 사회의 부분으로 간주되어야 할까? 어느 쪽도 다른 쪽이 없다면 살 수 없다.[13] 이미 언급한 것을 반복하면, 생물학자들은 그것을 정확하게 똑같은 사회가 아니라 "공생"(commensalism) ('같은 식탁에서 식사하는 것'을 의미하는 라틴어)이라고 말할 것이다. 용어들에 관하여 논쟁해야 소용이 없지만, 이것과 사회 사이의 유일한 차이는 흰개미들은 원생동물

13. 원생동물들은 흰개미의 소화기관 밖에서는 살 수 없는 특별하게 적응된 종이다.

들과 다른 종이라는 점뿐이라는 것은 분명하다.

물론 두 공생적인 종들의 한 종이 사실상 다른 종에게 그리 많은 것을 기여하지 않는 많은 경우들이 있다. 우리는 우리의 입 속이나 피부에 살면서 대부분의 경우 우리에게 아무런 이익도 주지 않는, 주로 단세포로 되어 있는 단순한 유기체들을 많이 가지고 있다. 반면 그들은 실제로 피해도 입히지 않는다. 그것은 원생동물과 흰개미의 경우와 다르다. 사실상 후자들은 상대방 없이 존재할 수 없다.

이런 종류의 다른 종들이 많이 있다. 반추동물들은 섬유소가 풍부한 풀(grass)과 같은 것들을 먹고, 그것을 위 속에 저장하는데, 거기에는 섬유소를 소화할 수 있는 많은 단세포 동물들이 살고 있다. 반추동물들은 음식을 자기들의 위 속에 집어넣은 후, 그것을 부분적으로 꺼내어, "되새김질을 한다".

여기에 일련의 단계들이 있다. 첫째, 원생동물들과 흰개미들처럼 상이한 종들이 서로를 살려 두기 위해 협동하는 것이 필요한 경우들이 있다. 둘째, 분명 함께 살면서 같은 식탁에서 식사하지만, 서로 이익도 손해도 별로 주지 않는 경우들이 있다.

리머스 아저씨(Uncle Remus) 이야기의 토끼 형제(Br'er Rabbit)는, 당신이 기억할지 모르지만, 찔레꽃밭에서 많은 시간을 보내었는데, 찔레꽃밭은 그를 보호하였다. 이것은 두 종들이 같이 긴밀하게 교제하고, 어쨌든 그들 중 한 종은 그것으로부터 상당히 이득을 얻은[14] 경우의 허구적인 예로 간주될지 모른다. 어느 쪽도 다른 쪽이 없이 상당히 잘 살 수 있었을 것이다. 많은 환경 공동체들은, 함께 살아가지만 그렇게 많은 상호작용을 하지 않는, 이런 특성을 가지고 있다. 이것은 사회로도 공생으로도 생각되지 않는다.

그러나 종들이 밀접하게 함께 살면서 그들 중 하나가 다른 종에 기생하는 많은 경우들이 있다. 이것은 한 단계 더 나아간 것인데, 그것은 사회도 아니고 공생도 아니다.

딱정벌레(beetle)가 있는데, 이것은 개미들에게 기생한다. 그것은 우리에게 어떤 면에서도 개미나 개미 애벌레처럼 보이지 않지만, 개미들은 그것을 애벌레라고 생각하는 것 같다. 딱정벌레가 개미집 주변에 도달하면, 개미들은 그것을 아래로 운반하여, 개미 애벌레들과 함께 놓아두곤 한다. 그러면 그것은 개미 애벌레들을 잡아먹고 알을 낳기 시작하는데, 알들은 자라서 애벌레들이 되고, 애벌레들 역시 개미 애벌레들을 잡아먹는다. 개미들은 이런 행동을 눈치채지 못하는 것 같고, 자기들 자신의 애벌레들을 다루는 꼭 그대로 그것을 다룬다.

분명히 이것은 공생의 예가 아니며, 똑같이 분명히 만약 그런 딱정벌레들이 너무 많이 있다면 집은 사라질 것이다. 그러나 다른 사회적 동물들처럼 개미들도 어느 정도 이런 종류의 일들을 참고 견딜 수 있음이 분명하다. 개미집들 속에 살면서 직접 개미를 잡아먹거나, 훨씬 더 흔하기로는 이런 혹은 저런 방법으로 개

---

14. 찔레꽃밭 역시 비료를 얻었을지 모른다.

미 식료품 연쇄점으로부터 음식을 얻어먹는 데 성공하는 많은 종들이 있다. 동일한 현상이 벌들과 물론 흰개미들에게도 사실이다.

이 침입자들은 개미집 안에서 평화스럽게 살고, 대개의 경우 집을 파괴하는 일을 야기하지 않기 때문에, 그것들의 분류는 규정하기가 어렵다. 어느 면에서 그것은 인간들이 기르는 개들 및 고양이들과 어떤 닮은 점이 있다. 대부분의 경우에 그것들은 가정에서의 자원의 생산에 긍정적인 아무것도 기여하지 못하는데, 하기야 그것들은 거기에 사는 사람들을 그렇지 않은 경우보다 더 행복하게 만들기는 한다. 개미들과 흰개미들은 매우 어리석은 동물들이어서 그것들을 행복한 것으로 부르는 것은 사정을 썩 잘 묘사한 것 같지는 않지만, 그럼에도 불구하고 그것들의 신경체계는 이들 다른 동물들의 출현에 의하여 어느 정도 위로를 받고 있는 것이 사실일지 모른다. 내가 언급했듯이, 약간의 경우 개미들은 그들을 보살핀다.

아열대 지방의 사나운 군대 개미들(army ants)은 내가 위에서 기술해 온 것들과 같은 종류의 불특정의 손님들로 하여금 자주 자기들과 함께 행진하게 해준다는 점이 흥미롭다. 그것들은 군대 개미들에 의해 양육되고, 군대 개미들은 또한 그것들을 잡아먹지 않는데, 자신들이 우연히 만나는 곤충 생물로서 그 밖의 거의 모든 것은 잡아먹는데도 그렇다.

아무튼 여기에 일종의 단계가 있다. 동일한 종의 밀접하게 관련된 구성원들로 이루어진 사회가 있다. 그 다음에는 동일한 종의 구성원들로 이루어져 있지만 특별히 밀접하게 관련되어 있지 않은 사회가 존재한다. 이 두 가지 모두의 경우, 우리가 말할 수 있는 한, 그들의 상호 교제는 일반적으로 이익이 된다. 환언하면 그들은 협동적인 활동에 종사한다. 그 다음 우리는 지의류들과 흰개미들이 특히 좋은 예인 많은 경우들로 나아가는데, 거기에는 서로 다른 종들이 밀접하게 협동적인 활동에 종사하며 상호 이익을 발생시킨다.

그것을 넘어서면, 서로 다른 종들의 구성원들이 매우 가깝게 함께 살면서, 아마 같이 집도 공유하겠지만, 이 긴밀한 삶의 장치로부터 어느 종에도 이익을 준다거나 피해를 입히는 증거가 별로 없는 경우들이 있다. 예를 들면 어떤 경우들에는 당신의 피부에 살고 있는 박테리아들의 약간은 한 종에는 이익이 되면서 실제로 다른 종에게 아무런 손실을 끼치지 않을지 모른다.

마지막 경우는, 만약 그렇지 않다면 사회적일 공동체에서, 두 종들 중 한 종이 다른 종에게 해를 가하는 기생적인 경우이다. 물론 인간들은 많은 질병들의 희생자들이며, 최근에 우리는 항생물질들을 사용하여 박테리아에게 해를 가하는 방법을 터득했다.

물론 인간 이외의 사회적 종들도 역시 박테리아와 바이러스 질병을 가지고 있지만, 그들의 경우에는 숙주들만큼 크고 강력한 기생적인 종들도 많이 있다. 이것의 완벽한 표현은 노예부리는 개미들(slaving ants)이다. 만약 노예부리는 개미들이 자기들 노예종들 중 한 종의 알들을 강탈할 수 없다면, 진정(眞正)의 노예부리는 개미 공동체들은 존재할 수 없다. 노예부리는 개미들은 이것들을 자기들 개미집으로 가지고 가는데, 거기에서 일꾼들이 생겨나서 자기들의 주인들을 돌보기 시작한다. 주인들은 노예가 된 개미들에게 명백히 기생하고 있다.

지의류들과 노예부리는 개미들은 연속체의 두 끝에 있는 극단적인 예들이다. 끝점들을 구별하는 것은 쉽다. 중간 단계들에서는 그것들을 분류하는 데 어려움이 있을지 모른다. 다행스럽게도 이 책에서는 그 문제는 뛰어 넘을 수 있다.

이것은 인간 이외의 사회들의 유전적 요소에 대한 매우 간단한 소개였다. 독자는 틀림없이 이미 발견하였을 것이지만, 내 생각에는 유전의 중요한 부분은 모든 이러한 동물들이 계승하는 행동의 유형이다. 그들이 때때로 가까운 친척들이라는 사실은 내가 생각하기로는 덜 중요하다. 필요한 것은, 곤충들, 단세포 동물들, 식물들, 혹은 지의류들과 같은 결합물들 등의 잘 조직된 집단에 의하여 이용될 수 있고, 비교적 개별 실체들에 의해 사리(私利)를 위해 이용되는 것을 막아주는, 적소(適所)이다.

개미들과 많은 개별 포식자들은 어느 정도 동일한 종류의 먹이를 공격하고 소비한다. 그러나 개미들은 상당한 정도로 단순히 수가 많다는 것 때문에, 그렇게 하는 데 엄청나게 더 효율적이다. 1,000마리 개미들에 의하여 모아진 식량의 말하자면 1/1000에 대한 권리를 가진 한 마리 개미의 식량 공급은, 만약 그 개미가 자신이 스스로 모은 모든 식량에 대하여 그저 완전한 권리를 가진다면 그러할 것보다, 더욱 안정적이다.

이 외에도, 분업의 효율성 이득들이 있다. 다시 한 번 말하자면, 개미들은 집의 건설 및 유지를 어린 새끼들을 양육하는 것과 관련된 전문화된 활동과 분리한다. 이 모든 것은 총 실제 무게의 면에서 다른 곤충들에 비해 훨씬 더 큰 개미들이 자기들의 정교하며 거의 지배적인 집들을 자연계의 그렇게 많은 곳에서 유지하는 것을 가능하게 한다.

이런 적소와 조직의 존재는 개별 구성원들이 본질적으로 곧고 좁은 협동의 길로 가도록 유지한다. 만약 상당히 많은 그들이 협동하는 데 실패한다면, 전체 조직은 소멸할 것이고, 비협동의 원인이 된 유전자들도 도태될 것이다. 그것은 집단 선택과 개체 선택 사이 어딘가에 있다.

■ 참고문헌

위에서 인용된 도킨스(Dawkins) 이외에도 나는 G. C. Williams, *Natural Selection: Domains, Levels, and Challenges*, Oxford, 1992를 권한다. 불행하게도 그것이 결코 도킨스만큼 읽기가 쉽지 않지만, 그것은 더욱 최근의 서적이다.

▌제 3 장 조정과 죄수의 딜레마

인간들은 다양한 종류의 정교하게 조정된 활동에 종사한다. 이 책은 그런 조정된 활동의 산물이다. 인간 이외의 사회적 종들도 역시 정교하게 조정된 활동에 종사하지만, 그들의 조정 방식들은 인간들의 것들과 근본적으로 다르다. 인간 사회로부터 시작하여 그 다음 인간 이외의 사회적 종들에서 우리가 관찰하는 근본적인 차이점들을 지적함으로써 그 차이를 강조하는 것이 사리에 맞다.

미국에 수출하기 위하여 25,000대의 도요타 자동차를 생산하거나 주간(州間) 고속도로를 건설하는 것과 같은 어떤 복잡한 문제를 부여받는 인간들은 계서제(階序制)들을 사용하여, 중앙 관리자는 계획들을 수립하고 지시들을 내리는 데 종사하며, 그러면 다른 많은 사람들은 그런 지시들을 실행한다. 개미 사회에는 이런 것이 없다.

나는 몽펠르랭 협회(Mont Pelerin Society)의 나의 동료 회원들이 시장 조절에 의하여 활동을 조정할 가능성을 내가 잊어버린 것으로 생각하게 하고 싶지 않다. 정말 우리는 많은 일들에 대해 시장 조절에 분명 종사한다. 내가 방금 언급한 계서제들은, 계서제들을 위하여 일하는 사람들과 계획가들 및 집행 책임자들을 포함하여, 계서제들의 자원들을 시장으로부터 얻는다. 즉 계서제들은 자원들을 자발적으로 고용한다. 이것은 곧 다루게 될 것이다.

물론 때때로 인간 사회는 자발적인 참가에 의존하지 않는다. 나는 제2차 세계 대전 동안 군에서 상당한 기간을 낭비하였는데, 나는 당신에게 그것은 결코 자발적이지 않았다는 점을 자신있게 말할 수 있다.

하여간 그런 대규모 계서제들은 모든 중요한 인간 사회의 본질적인 부분인 것 같다. 인간들과 개미들 양측이 종사하는 어떤 활동, 예를 들어 도로 건설을 생각해 보자. 인간들은 도로 도면을 설계하고, 자원을 구하고, 도로 건설을 위하여 일련의 조직들을 수립할 것이다. 이것이 계서제적인 방식이다. 반면 개미는 거의 전적으로 개별적인 선택에 의존한다. 중앙 도로국이 없다. 사실상 어떤 종류의 중앙 조직도 없다.

개별 개미가 어떤 식량이 있는 곳으로 가고 있다면, 도로를 개선하기 위하여 때때로 멈출지 모른다. 그런 행동들의 수많은 반복으로 결국 그것은 진정한 도로가 된다. 사실상 개미들의 약간은 식량 구하는 것을 완전히 그만두고, 단지 도로를 조금씩 개선하는 데 몰두할지 모른다. 다시 한 번 말하자면, 중앙 계획 당국이 존재하지 않으며, 아무도 이 특정 개미들에게 이것을 해야 한다고 명령하지 않는다.

대충 어림잡아 말한다면, 이런 대규모 사회적 곤충 공동체들에는 중앙 통제가 전혀 존재하지 않는다. 어떤 다소 약한 지배관계들이 존재하는 것은 사실이지만, 이러한 관계들은 다른 무엇보다 번식할 권리와 밀접한 관계가 있다. 어떤 말벌들과 두더지쥐들은 집의 번식할 성원이 되는 권리를 얻기 위하여 싸움을 한다. 말벌들의 경우 여왕이 되는 것은 그저 승리자뿐이며, 두더지쥐들의 경우 통상 여왕과 짝짓기를 하는 것은 성교를 위한 배타적인 권리를 지닌 한 마리나 몇 마리의 수컷이다. 이런 지위들은 때때로 싸움에 의해 획득된다.

많은 다른 종들에서는 싸움이 전혀 수반되지 않는다. 여왕이나 다른 번식자들이 선택되는 것은 그들 사이에서 싸움을 수반하지 않는 어떤 수단에 의하여서이다. 때때로 그것은 양자가 다소 결합되어 있다. 벌집의 여왕은 여왕 자리를 위하여 일꾼들과 싸울 필요는 없지만, 그녀가 경쟁적인 여왕 후보자들과 싸워야 할 가능성은 아주 크다. 그들의 둘 다 여왕이 될 준비를 갖추도록 일꾼들에 의하여 양육될 것이지만, 그 둘은 죽을 때까지 싸운다. 어떠한 일꾼들도 싸움에 가담하지 않고, 어떤 성숙한 일꾼들도 여왕이 될 수 없다.

많은 사회적 종들에는 한 마리를 넘는 여왕이 있다. 이들 경우에는 보통 여러 여왕들끼리 싸움은 없다. 물론 때때로 싸움을 하기도 하지만.

그럼에도 불구하고, 내가 이런 종류의 반(半)지배가 분명 존재한다고 말했으므로, 이제 나는 이런 여왕들이나 기타 번식 단위들이 나머지 구성원들의 행동에 매우 직접적인 어떠한 영향도 미치는 것 같지 않다는 점을 지적해야겠다. 약간의 종들에서는 그들은 어떤 다른 것들이 번식하지 못하게 하는 페로몬들을 발산하는 것으로 생각된다. 일반적으로 이런 호로몬들은, 상호 몸단장을 해주거나 혹은 어떤 경우들에는 서로의 배설물을 먹음으로써 종의 구성원들 사이에 전달되어, 집에 일정한 영향을 분명 미친다.

그러나 보통은 전달되는 "메시지"는 그저 여왕이나 여왕 부처가 존재하고 있으며 좋은 건강 상태에 있다는 것뿐이다. 약간의 경우들에는 그것은 또한 번식 순환의 단계를 보여줄지 모른다. 애벌레들에 의해 발생되는 호르몬들도 역시 집의 행동에 영향을 미칠지 모른다. 그러나 이런 경우들 모두 그 "메시지"는 집의 모든 구성원들에게로 향한다. 그것은 다양한 과업에 종사하는 일꾼들의 비율을 변화시킬지 모르지만, 개체들을 선발하여 새로운 과업들을 맡기지는 않는다. 그 비유가 결코 가깝지는 않지만 인간 사회에서 가장 가까운 비유는 감독 없이 수행할 수 있는 어떤 과업을 위한 자원 봉사자들의 소집일 것이다. 공원에서의 쓰레기 줍기 운동이 하나의 예일 것이다.

수많은 개미들과 흰개미들은 애벌레들에게 주는 음식의 형태가 다름에 따라 아주 근본적으로 다른 모습을 지닌 개체들을 생산하는, 매우 근본적인 전문화를 하고 있다. 때때로 병정개미들은 집에서 가장 작은 초소형 개미들(minims)보다 백 배나 클지 모른다. 그러나 병정개미들의 작은 개미들에 대한 소위 지배 혹은 통제의 아무런 조짐도 없다.

극단적인 사례를 들면, 나는 앞에서 "주인" 개미들이 노예 종의 번데기들을 빼앗아 자기들의 집에 가져오는 노예부리는 개미들을 언급하였다. 이런 범주의 노예화된 일꾼들은 어떤 진정한 의미에서도 노예 소유자에 의하여 지배되는 것이 아니다. 정말 일꾼들은 "주인들"의 집에 비슷한 것이 아니라 자기들의 특정 종들의 집과 유사한 집을 팔 것이다. 따라서 특정 종의 노예부리는 개미들은, 어떤 특정 포획물을 노예로 사용하느냐에 따라, 여러 다른 종류의 집들에 살지도 모른다.

노예부리는 개미들은 조금도 일을 하지 않고, 자기들의 노예들이 만든 집들에서 살며, 자기들의 노예들이 먹여주기 때문에, 그것들은 지배의 예로서 간주될지 모른다. 그러나 사실상 그 노예들이 덩치 큰 노예부리는 개미들 중 하나를 먹일 가능성은 그들이 터널들 속에서 다른 노예들을 만난다면 그들을 먹일 가능성보다 더 클 것 같지 않다.

이 모든 것은 인간 행동과 근본적으로 다르다. 그것은 즉시, 개미들이 어떻게 그것을 행하는가? 하는 중요한 질문들을 제기한다. 포유동물로 관심을 돌리면, 두더지쥐들은 때때로 길이가 1/2km에 달하는 터널들을 만드는데, 그것은 두더지쥐에게는 우리 인간의 30km와 대략 맞먹는 것이다.[1] 아무도 개별 두더지쥐

---

1. 이 계산은 각 종의 보통 구성원의 가장 긴 신장(身長)에 기준을 둔 것이

에게 그 특정한 방향으로 터널을 만들도록 지시하지도 않고, 지시를 발하는 계획위원회나 정치국이 존재한다는 어떠한 증거도 없다. 그럼에도 불구하고 두더지쥐 공동체들은 “집들”이 달라도 다소 비슷한 구조를 가지고 있고, 따라서 그것은 유전적으로 조정된 활동으로 간주될 수 있다. 그들은 간선 고속도로들과 부(副)도로들을 가지고 있다. 간선 고속도로들은 방향 전환점들도 갖추고 있다.

더 나아가, 아무도 두더지쥐에게 그가 굴을 파는 데나, 여왕을 먹이기 위하여 방들 중 하나에 먹이를 가져오는 데, 혹은 어떤 다른 허드렛일을 하는 데 종사해야 하는지 아닌지를 명령하지 않는다. 우리는 그저 그들이 이런 일들을 한다는 것을 관찰할 뿐이다. 이 점은 개미들, 흰개미들, 그리고 당신이 잠시 후 살펴 볼 해면동물 사회를 구성하는 아메바 모양의 단세포들의 경우에도 사실이다.

이것에 대한 대답은 분명히 그들은 거의 같은 방식으로 살면서 협동적인 활동에 종사할 마음이 생기게 하는 유전된 행동 유형을 가지고 있다는 것이다. 그러나 이 유전은 아마도 정확하게 무엇을 할 것인가에 대한 정밀한 지시 집합일 리는 없는데, 왜냐하면 여러 개미집들과 여러 두더지쥐 집들이 정확하게 동일한 모습이 아니기 때문이다.

다. 만약 그것이 몸무게에 기준을 둔 것이라면, 인간의 터널은 길이가 1,000km를 넘을 것이다.

터널을 파고 있는 개미들이 우연히 돌을 만나, 그 결과 그들이 우회해야 할지 모른다. 더 나아가 개미들이 종사하고 있는 일의 양과 형태에서 급격한 변화를 요구하는 여러 가지 위기상황이 발생할지 모른다. 더욱 작은 문제로서, 어떤 식량을 얻을 수 있는지가, 심지어 비상사태가 일어나지 않더라도, 변할지 모른다. 이것 또한 노동 투입의 변동을 요구할지 모른다.

개미들에게서 발견하는 현미경적인 두뇌들은 생각할 수 있는 모든 우연한 상황에 대한 완벽한 지시 집합을 거의 가지고 있을 리가 없다. 그것들은 변경들에 대비하는 더욱 일반적인 구조로서의 어떤 것을 가지고 있음에 틀림없다. 이것은 개미의 신경체계가 어떻게 설계되어 있기에 개미들이 자신들의 노동을 그렇게 효율적인 방식으로 분할하는가에 관한 질문을 제기한다. 그들의 적당한 비율은 집의 수리에 종사할 것이고 적당한 비율은 먹이를 사냥하는 일 등을 할 것이다.[2] 그 신경체계가 무엇이든 그 신경체계는 이러한 비율들이 조건들에 따라 때때로 변화하도록 대비하고 있음에 틀림없다.

아마 덧붙여서 여기서 이야기해야 할 것은 꿀벌들 사이에서 아버지가 다른 자손들이(물론 이 집들에는 오직 한 마리의 여왕만 있다) 집 내부에서 다소 다른 행동 유형들을 보인다는 것이 최근에 발견되었다는 점이다. 여왕이 수정을 위하여 밖으로 날아 나

2. 비록 개미집이 매우 효율적인 것으로 보이긴 해도, 우리는 그것이 최적이라는 진정한 증거를 가지고 있지는 않다.

가 몇 마리의 수펄들에 의해 수정될 때, 그녀는 아버지가 다른 일단의 알들을 낳으며, 따라서 어느 정도 이런 비동일성이 행동에 영향을 미친다. 이것은 다른 사회적 곤충들에서도 사실인 것 같다.[3]

만약 개미들이 우리가 인간 사회에서 보는 것과 같은 대규모 명령 및 통제 구조를 가지고 있지 않다면, 인간 행동을 조정하는 다른 중요한 방법인 자유 시장(free market)은 어떠한가? 이것 역시 인간 이외의 사회들에서는 거의 전적으로 결여되어 있는 것 같다. 우리는 엄밀히 말하여 시장 형태의 교환이 그들 사이에서 일어나는 것을 관찰하지 못 한다.

교환들(exchanges)은 존재한다. 나는 이미 흰개미의 소화기관 속의 원생동물들이 흰개미가 먹는 나무를 소화한다는 사실을 언급하였다. 이것은 나무를 획득하는 노동을 제공하는 흰개미와 나무를 소화해서 흰개미 스스로 소비할 수 있는 여러 가지 음식 화학물질들을 분비하는 원생동물들 간의 교환으로 간주될지도 모른다.

분명히 이것도 교환이지만, 결코 시장 교환(market exchange)은 아니다. 아마도 만약 흰개미가 음식을 더 적게 먹으면, 원생동물들은 음식을 더 적게 소화하여 흰개미가 영양분으로 사용할 수

3. 앞 장에서 언급한 것처럼, 그것은 확실히 많은 개미들에게도 사실이다. 많은 여왕들을 가진 거대한 개미 초군락들(super-colonies)은 그런 차이들을 찾는 데 특히 좋은 곳들인 것으로 여겨진다.

있는 것들로 더 적게 분비할 것이다. 비슷하게 만약 원생동물들이 자기들이 분비하고 흰개미가 소화할 수 있는 화학물질의 양을 줄인다면, 이것은 틀림없이 나무를 먹는 데서의 흰개미의 효율성을 감소시킬 것이다. 그러나 이것들의 어느 것도 시장 교환과 아주 유사하게 보이지는 않는데, 설사 어떤 종류의 최적 수준에서 작동할 마음이 생기게 하는 요소들이 둘 다에게 존재할지 몰라도 그렇다.

물론 이것만이 협동하는 종들의 서로 다른 구성원들이 서로 다른 일들을 하고 그 효과가 본질적으로 그 종들의 여타 구성원들에게 전해지는 것을 우리가 관찰하는 유일한 사례는 아니다. 집의 일부를 수리하는 개미는 다른 개미들을 위하여 재화를 생산하고 있으며, 만약 그것이 보통의 건전한 집이라면, 그도 또한 다른 개미들이 외부로부터 집 내부로 가지고 들어온 음식을 먹고 있을 것이다. 그러나 이것을 시장 교환이라고 부르기는 매우 어렵다. 이것을 시장 교환으로 만들기 위해서는 우리는 개별 개미가 이런 수리의 대가로 다른 개미들에 의하여 집합적으로 보상받고 있다고 주장할 것이 아니라 더욱 직접적인 어떤 것이 두 특정 개미들 사이에서 일어나고 있다는 것을 주장하여야 할 것이다. 만약 이런 상황에서의 개미들을 관찰한다면, 집의 수리에 종사해 온 개미는 바깥에서 식량을 가지고 들어오고 있는 개미와 마주칠 것이고 그들의 더듬이들이 접촉되는 간단한 종류의 의식이 있을 것이라는 점을 발견할 것이다. 이것의 끝에는 식량을 진 개미는 집을 수리하는 개미를 위하여 자신의 식량 주머니로부터 약간의 식량을 꺼내 줄 것이며, 그 후 둘 다 제 갈 길을 갈 것이다.

이것은 식량을 지고 있는 개미가 이 특정 집합의 더듬이 접촉들을 가지는 데서 기쁨을 얻고 그것의 대가로 식량을 지불하는 교환이라고 주장될지 모른다. 나는 이것이 매우 이상한 해석이라고 생각하지만, 우리의 현재 지식으로는 어느 누구도 이것이 틀렸다고 확실히 말할 수는 없다. 그렇지만 아무튼 개미들이 가지고 있는 극히 단순한 신경체계를 인정한다면, 식량을 나르는 개미가 우리가 기쁨이나 고통과 아주 유사한 것으로 간주할 어떤 것을 "느낀다"는 것은 결코 분명하지 않다.

다소 더욱 현실적인 수준에서는, 약간의 말벌 종들은 자기들의 애벌레들에게 먹이를 먹이는데, 이런 일이 일어날 때는 애벌레들은 분명히 어른 말벌들이 매우 매력적인 것으로 여기는 액체를 발산한다. 정말로 어른 말벌이 식량을 가져오지 못하는 어떤 경우들에는 어른 말벌은 약간의 이런 액체를 얻기를 기대하여 애벌레들을 거칠게 학대하는 일에 착수할지도 모른다.

비록 여기서는 전 집합의 교환들이 수요와 공급에 의하여 균형을 이루는 보통의 시장 특성들 중 어떤 것도 일어나지 않는다는 점이 주목되어야겠지만, 이것은 정말 교환처럼 보이긴 한다. 아무튼 내가 아는 한 그것은 우리가 인간 이외의 사회적 사회들의 전체에서 시장 거래에 유사한 것으로나마 간주할 수 있는 것의 유일한 사례이다.

통상적인 사례는 사회의 서로 다른 구성원들이 그들간에 직접적인 교환이 없이 조정되는 활동에 종사하는 것과 관련 있다. 원한다면 우리는 개미가 집을 수리하는 힘든 노동에 대해 식량과 보호를 받는 것으로, 그리고 적어도 자신과 관련된 약간의 유전자들의 번식을 보장받는 것으로, 보상받는다고 말할 수 있다. 이것은 시장 거래와, 비록 극히 미미한 것이긴 하지만, 어떤 미미한 유사성을 분명 지니고 있다.

만약 우리가 인간 사회들을 고찰하면, 우리는 계서제들과 시장들의 혼합이 존재한다는 것을 관찰하게 된다. 약간의 계서제들, 즉 정부의 계서제들은 사람들로 하여금 계서제들의 생산품에 대한 대가를 지불하도록 하기 위하여 강제에 의존한다. 많은 다른 경우들에는 그것들은 완전히 자유로운 거래이다. 정말 정부들은 보통 자기들의 피고용인들 및 자기들의 공급자들과 완전히 자유로운 거래를 한다. 강제되는 것은 오직 납세자들뿐이다.

사적 계서제들은 보통 그렇게 중요한 강제력을 가지고 있지 않다. 그것들이 대부분의 사람들에게 할 수 있는 최악의 것은 그들을 해고하는 것이다. 물론 피고용인들 역시 고용주에 대하여 어떤 강제력을 지니고 있다고 말할 수 있는데, 왜냐하면 그들도 마찬가지로 그 관계를 청산할 수 있기 때문이다.

그런데 이 모든 것은 우리가 인간 이외의 종들에서 관찰하는 것과 전혀 모양이 비슷하지 않다. 그것은 우리가 인간 종들과 관련해서는 아주 잘 알고 있지만 인간 이외의 사회들은 우리의 기법들을 따르지 않는 것이 분명한 하나의 문제이다. 이것을 논의하기 위하여, 나는 본 궤도를 약간 벗어나서 죄수의 딜레마(prisoner's dilemma)라고 부르는 것에 관해 이야기를 시작해야겠다. 이것은 매우 일반적인 현상으로 반드시 죄수들과 관련된 것은 아니지만, 사실상 한 지방 검사와 두 사람의 죄수에 관한 짤막한 이야기를 가지고 시작되었다. 그것은 대부분의 경제학자들과 많은 생물학자들에게는 잘 알려져 있어서, 독자는 그것을 생략하고 싶으면 생략해도 무방하다.

지방 검사는 우리가 A와 B라 부를 두 죄수에게서 은행을 강탈한 혐의를 잡았다. 그는 또한 그들이 은닉 무기들을 휴대한 것에 대해 유죄를 입증할 수 있음을 확실히 알고 있었다. 그는 그들을 독방들에 가두고 나서 그들 각자에게 거래를 제의하겠노라고 말했다. 그는 자기와 이야기를 건네고 있는 개별 죄수에게 무기 은닉죄로 일 년의 형무소 생활을 시키도록 조처할 수 있음을 지적하였다. 만약 그 죄수는 은행 강도를 자백하고 그의 공범자를 불어버리는데 공범자는 자백을 하지 않는다면, 지방 검사는 자기가 이야기를 건네고 있는 죄수는 벌을 면해 주지만 공범자는 10년을 받도록 조처할 것이다. 그들 둘 다 자백한다면, 그들은 각각 7년형을 받을 것이다. 물론 다른 사람은 자백하는데 자기가 이야기를 건네고 있는 사람은 자백하지 않는다면, 그는 10년의 형을 받을 것이고 다른 사람은 벌을 면할 것이다.

흥미로운 특징은 다른 죄수가 무엇을 하든 상관없이 자백하는 것이 각자의 최상의 이익이 된다는 점이다. 우리는 합리적인 개인들은 이런 상황에서 둘 다 자백하고 그래서 7년의 형을 받을 것이라고 예측할 것이다. 만약 그들 둘 다가 버틴다면, 그들은 각각 1년의 형을 받을 것이라 하더라도 그렇다. 만약 나는 자백하지 않는데 상대는 자백한다면, 나는 10년의 형을 받는다. 만약 나도 자백하고 상대도 자백한다면, 나는 7년형을 받는다. 반면 나도 자백하지 않고 상대도 자백하지 않는다면, 나는 1년의 형을 받는다. 그러나 만약 나는 자백하는데 상대는 자백하지 않는다면, 나는 풀려난다. 두 경우 모두, 나는 자백하지 않는 것보다 자백하는 것이 더 낫다.

방금 나는 여기 공범자들은 격리된 독방들에 갇혀있다고 말했다. 엄격하게 말하면, 이것은 필요하지 않다. 그들 둘 다가 다른 혐의자를 완전히 믿을 수 없다고 인식하기만 한다면, 그 두 공범자들은 서로 의사소통을 하도록 허용되어도 좋다. 의사소통이 없음(noncommunication)은 독자의 편리를 위하여 집어넣은 것이지 필수적인 것은 아니다.

이것은 사회적 곤충들에 대하여 그리 크게 관련이 없는 것 같겠지만, 인간 사회에 관해 이야기하는 것을 조금 더 계속해 보자. 오직 두 당사자만 존재해야 할 필요는 없다. 매우 많은 당사자들이 존재할 수 있다. 결국 대기 오염의 주된 원인이 되는 자동차 배기가스에 의한 공기 오염의 문제를 고찰해 보자.

나는 자동차가 배출하는 대기 오염의 양을 줄이고 그래서 투산

(Tucson) 시의 대기 오염의 양을 줄이는 장치들을 나 자신의 상당한 비용 부담으로 나의 자동차에다가 설치할 수 있다. 만약 내가 그렇게 하면, 대기 오염 감소는 투산 시에 분명히 이익이 될 것이고, 가정하건대 그 총 편익은 나의 비용보다 훨씬 클 것이다. 반면 나의 편익은 정말 매우 작을 것이며, 나는 전 비용을 지불할 것이다. 나의 대기 오염(방지) 장치들이 오염의 총량을 1/100,000만큼 감소시킨다고 가정해 보자. 나 자신이 호흡하는 오염의 양을 1/100,000만큼 줄이는 것은 분명히 그 비용의 가치가 없다. 만약 내가 매우 이타적이라면 나는 어쨌든 그것들을 설치할지 모르지만, 대부분의 사람들은 그렇게 자비롭지 않다.

여기에 다면적(多面的)인 죄수의 딜레마가 있다. 다른 사람들이 대기 오염 통제 장치를 끼우든 말든, 그리고 얼마나 많이 끼우든 상관없이, 나는 대기 오염 장치들을 끼우지 않는 것이 항상 더 나은데, 그것은 심지어 만약 나 자신을 포함하여 모든 혹은 거의 모든 사람들이 대기 오염 통제 장치들을 자신의 자동차에 설치한다면 내가 더 나아진다 하더라도 그렇다.

이 경우에 인간은 강제(coercion)와 정부의 사용(use of government)에 의존한다. 투산의 투표자들은 모든 투산 시민들로 하여금 자기들의 자동차들에 오염 통제 장치들을 설치하도록 강요하는 데 아마 찬성할 것이다.[4] 공공선택론(Public Choice)에서 많이 사용되는 진술을 인용하면, 우리 모두는 서로를 강제하는 데 동

4. 그렇지 않다면, 적어도 그것이 그들이 투표하는 방식이다.

의한다(agree to coerce each other).

그런데 이 경우에 진정한 강제가 있어야 함을 주목하라. 모든 사람들이 자기들의 자동차들에 오염 통제 장치들을 설치하여야 한다고 규칙들은 규정하고 있지만, 그렇게 하지 않는 데 대한 처벌이 없다면, 우리는 장치들이 별로 설치되지 않을 것임을 예측하게 될 것이다. 오직 어떤 공식적인 체제가 존재할 때에만,[5] 우리는 강제를 받아들이고, 사실상 그것에 대하여 만족한다. 우리는 죄수의 딜레마 문제를, 반복하건대, 우리 모두가 서로를 강제하는 데 동의하는 특별한 정부 구조를 사용하여 처리해 왔다.

그러한 강제 체제는 곤충 사회들에는 없으며 일반적으로 어떠한 인간 이외의 사회들에도 존재하지 않는다.[6] 그렇다면 그들은 개미형의 자백(confessing)을 어떻게 막을까? 아마 나는 여기서 멈춰서 우리는 보통 경제학에서 자백이라고 부르지 않는다는 점을 말해야 할 것 같다. 우리는 그것을 앞의 장에서 여러 번 언급한 무임승차(free riding)라 부른다. 이것은 어떠한 집합재가 제공되고 있든 그것에 대한 대가를 지불하지 않고도 편익을 취하는

5. 투산 시에서는 등록을 갱신하는 과정의 일환으로서 자동차들이 오염 통제에 관해 정기적으로 검사를 받고 있다.

6. 약간의 고등 포유동물들 가운데서는 만약 무리의 우두머리가 있다면 그는 다른 구성원들을 어느 정도 강제하는 데 정말 관여하는 것이 가능하다. 이것은 성교의 독점과 질서를 유지하는 것과 관련이 있을지 모른다. 그렇지만 그것은 다른 구성원들이 어떤 특정 과업을 꼭 수행하도록 시키는 것일 것 같지는 않다. 아무튼 그것은 생활의 아주 사소한 특징인데, 심지어 이리 무리에서도 그렇다.

것을 의미한다.

무임승차가 일어날 기회들은 강제가 없는 모든 대규모 사회들에서는 본래적인 것이다. 먹는 것을 제외하고는 그저 아무것도 하지 않는 개별 개미는 무임승차자일 것이다. 또한 해당 개미의 관점에서 보아 심미적인 선호들이면 무엇이든지 수행하고, 말하자면, 자기는 좋아하지만 집에는 소용이 없는 것들을 집에다 생산하는 개미도 또 하나의 무임승차자일 것이다. 물론 여왕개미가 아닌 어떤 개별 개미가 번식할 수 있다면, 그것은 무임승차의 극단적인 경우일 것이다.

우리는 이와 같은 종류의 무임승차의 예들과, 정말 그것을 막기 위한 강제의 몇 가지 예들을 분명 본다. 개미들은 엄청나게 많은 기생충들, 참으로 거의 인간만큼 많은 기생충들에 걸리기 쉽다. 많은 이러한 기생충들은 그 집으로 들어가는 다른 곤충들이거나, 때로는 다른 종들의 개미들인데, 거기서 그들은, 우리가 말할 수 있는 한, 집의 경제에 아무것도 기여하지 않으면서 그들 자신의 생계를 위하여 집의 자원들을 이용한다. 분명히 그들은 무임승차자들이다.

그러나 정말로 그저 어떤 곤충이든 개미집에 들어갈 수 있는 것은 결코 아니다. 개미들은 집을 분명 지키는데, 다른 곤충들이 들어오는 것을 막을 뿐만 아니라 만약 그것들을 안에서 발견하면 그것들을 죽일 것이다. 내가 위에서 서술해 온 기생 종들은 개미들이 자기들의 정체를 알지 못하도록 개미들을 속이는 어떤 방법을 가지고 있다. 보기에 따라서는 이것은 면역 체제를 속일 수 있는 AIDS 병원체 같은 것이다.

분명히 개미들과 기타 사회적 곤충들은, 그들이 이들 기생충들에게는 무슨 짓을 하든, 자기들 자신의 구성원들에게는 강제를 사용하지 않기 때문에, 그들은 그 문제를 다루는 어떤 다른 방식을 가지고 있음에 틀림없으며, 이것은 그들의 유전적 구조와 관련이 있다. 그들은 자기들로 하여금 일하게 만드는 유전자들을 물려받고 있음에 틀림없다. 이런 유전자들이 작용하는 방식은, 다시 한 번 말하자면, 훨씬 뒤에서 다루어질 것이다.

이 간단한 장은 기본적으로 해답을 내림이 없이 많은 질문들을 제기하였다. 해답들은 여러 가지 상이한 인간 이외의 사회들을 서술하는 장들 뒤까지 미루고 있다. 이것의 이유는 부분적으로 이런 인간 이외의 사회들에 관하여 많이 알지 못하는 경제학자들의 편리를 위한 것이지만, 심지어 생물학자들에게도 이 장들은 도움이 될지 모른다. 나의 목표는 약간의 인간 이외의 사회들에서 우리가 관찰하는 놀라울 정도의 조정 및 효율을 강조하는 것뿐만 아니라 왜 이것이 우리가 인간 사회들에서 보는 어떤 것에 기초하지 않는 설명을 필요로 하는가 하는 이유들을 강조하는 것이다. 나의 이론은 그 수수께끼를 푸는 데 쓰기 위한 것인데, 우리가 일단의 인간 이외의 사회들을 개관하고 난 이후에 제시될 것이다.

▌제 4 장 개미를 관찰하자

"그러나 의사(擬似) 아리스토텔레스 학파 학자(Pseudo-Aristotle)는 이런 분업이 어떻게 야기되는지를 이해하지 못했음이 분명하다. 그는 필요가 발생함에 따라 일벌들이 일정 과업들에 종사하는 특정 벌 집단들에 합류하도록 지시받는다고 생각해 왔던 것 같다. 많은 초기의 관찰자들과 심지어 약간의 매우 최근의 관찰자들조차도 여왕벌은, 혹은 그들이 흔히 잘못 불렀듯이 왕벌은, 자기의 신하들, 곧 군락의 다른 벌들의 노동들을 지시하는 이러한 기능을 수행한다고 믿었다."[1]

만약 당신이 어떠한 미국 숲이건 그 밑바닥을 주의 깊게 관찰하면, 당신은 하나의 보통 숲 개미(wood ant)의 일꾼들이 매일 이리저리 돌아다니는 것을 쉽게 볼 수 있을 것이다. 내가 *하나의* 보통 숲 개미라고 말하는 점을 주목하라. 명백히 그 온대 삼림지대는 특정 형태의 개미 사회 조직을 위한 적소(niche)를 제공한다.

---

1. Colin G. Butler, *The World of the Honey Bee*, London: Collins, 1954, p. 76.

세계의 다른 지역들에서는 다른 종들이 이 적소에 들어 왔다. 물론 그들의 행동은 동일하지 않지만, 홋카이도, 영국, 그리고 미국 북부 지역의 숲 개미들 사이에는 매우 유사한 점이 존재하여, 내가 제공하려고 하는 서술이 다소간 그들 모두에게 들어맞는다.

이것은 흥미가 있는데, 왜냐하면 진화는 많은 이종(異種)들을 동일한 적소에 적합하도록 조정할 수 있을 것 같기 때문이다. 그러나 그것은 개미들에게만 특이한 것이 아니다. 세계의 여타 지역에서 포유동물들이 채우는 많은 환경적인 적소들을 호주는 유대류들(marsupials)이 채우고 있다. 우리는 온대 지역의 상이한 지역들에서 숲 개미들 사이에 행동의 유사성을 발견하고서 놀랄 필요가 없다.

언뜻 보면 이런 개미들은 아주 평범한 작은 곤충들처럼 보인다. 그러나 사실상 그들은 아주 특별하다. 우선 그들은 곤충으로 보아서는 다소 높은 생활 수준이라고 부르지 않을 수 없는 것을 누린다. 물론 "생활 수준"(standard of living)이라는 용어는 실제로 어떠한 곤충에게도 잘 어울리지 않는다. 뿐만 아니라 인간은 예외겠지만 그 밖의 모든 동물들은 자기들의 생존 수단을 압박하는 경향이 있다. 즉 그 개체수는 한계 구성원들이 높은 사망률을 가져올 때까지 팽창하는 경향이 있다. 이것은 약간의 개미들이 틀림없이 적어도 어떤 "궁핍"(deprivation)을 겪고 있다는 것을 의미한다.

그럼에도 불구하고 우리의 숲 개미는 규칙적으로 먹는다. 초식

동물들이 아닌 대부분의 야생 동물들은 식량의 이용 가능성에 따라 다소 불규칙적으로 먹는다. 우리의 개미는 숲 속에서 발견되는 동물성 먹이와 식물성 먹이에 따라 다소간 아무것이나 먹는다. 게다가 개미는 시간에 걸쳐서뿐만 아니라 날마다 다소 다양한 식사를 한다. 그것은 말하자면 즙을 채집하는 데 자기 자신의 시간을 쓸지 모르지만, 다른 개미들이 모은 고기와 아마 야채류도 먹을지 모른다. 이로 말미암아, 비록 개미가 불운한 날이나 심지어 주(週)를 겪게 되어도, 그것의 음식 소비는 별로 혹은 전혀 영향을 받지 않을 것이다.

게다가, 개미는 그것이 몸집이 작다는 것과 세계에 육식 동물들이 널리 퍼져 있다는 점을 고려할 때 놀랄 만큼 안전하다. 그것은 그 일생의 많은 부분을 안전하게 머물 수 있는 보호되고 치안이 유지되는 환경에서 보낸다. 지상에 있을 때 그것은 흔히 자매 일꾼들에 가까이 있을 것이며, 개미 집단의 가공(可恐)할 만한 전투력은 대부분의 약탈자들이 피할 정도이다.

물론 개미도 완전하게 안전하지는 않지만(어떤 야생 동물도 그런 것은 없다), 노령과 질병이 사망의 가장 있음직한 원인들인 점에서, 개미는 문명화된 인간과 같다. 약탈과 기근은, 말하자면 옛 로마 제국이 그랬듯이, 사망의 원인들이 될 가능성이 거의 없다. 사실상 보통의 숲 개미는 2년 이상[2] 사는데, 이것은 그런 작은 곤충들에게는 놀라운 것이다.

2. Hölldobler and Wison, pp. 169-70. 여왕들은 훨씬 더 오래 산다.

개미의 비교적 편안한 생활의 비밀은 간단하다. 개미는 그 용어의 본래적인 의미에서 문명화되어(civilized) 있다. 즉 그것은 도시(city)에 산다(live). 성숙된 숲 개미 공동체에서는 이 도시는 자매 도시들과 결합되어, 인간 국가에 비유할 수 있는 어떤 것으로 될지도 모른다. 이 도시는 아마 50만의 어른 거주자들을 지니고 있을 것이다. 이들 가운데서 아마 50 내지 100마리는 다음 세대의 생산을 책임지고 있는 기능적 암컷일 것이다. 아마 연중 계절에 따라 상당한 수의 기능적 수컷 역시 존재할 것이다. 나머지 "시민들"(citizens)은 생식 기능이 없는 암컷들인데, 숲 개미의 경우 모두 다소 비슷한 모습의 일꾼들이다. 다른 종들에서는 그들은 다소 상이한 육체적 장비를 가진 여러 유형들로 나누어질지도 모른다. 뿐만 아니라 아마 이 도시는 다양한 규모의 여러 "도시들"과 잘 구획된 "국가 영토"를[3] 지니는 "국가"의 일부일 것이다. 그 국경들은 잘 지켜질 것이며, 인간 국가들에서처럼, 전쟁들이 드물지 않다.[4]

또 한 "국가"를 두 국가로 분리시키는 내부적인 불화도 특히 드문 것이 아니다. 분리에 대한 하나의 그럴듯한 이유는, 단순히

---

3. 이런 "국가" 영토들의 하나의 부분적인 지도가 Hölldobler and Wilson의 215쪽에 있다.

4. 횔도블러(Hölldobler)와 윌슨(Wilson)의 173쪽의 지도에 그 역사가 나타나 있는 어느 불행한 개미 군락은 전쟁에 패하여 집을 떠나지 않을 수 없었다. 그것은 그 다음 또 다른 전쟁에서 패하여 자기의 새로운 집에서도 추방당했다. 그 역사는 중앙 아시아에서의 많은 불행한 종족들의 역사와 다소 비슷하다.

말해, 공동체가 더욱 커짐에 따라 통상 군락 여기저기에 전달되는 여러 가지 냄새들이 점점 영역의 상이한 부분들에서 농도가 달라진다는 점이다. 결국 한 부분의 개미들은 집의 다른 부분에 있는 개미들을 알아보지 못한다. 따라서 끊김이 존재한다.

나는 두 일본인 학자들, 히가시(Higashi)와 야마우치(Yamauchi)가[5] 여러 마일에 걸쳐 퍼져 있는 3억 7백만 거주자를 가진 이런 종류의 거대한 초개미집(super-nest)을 발견하였다고 주장했다는 점을 이야기해야겠다. 나는 분명히 그들처럼 개미 전문가가 아니며, 그들의 자료가 횔도블러(Hölldobler)와 윌슨(Wilson)에 의하여 아무런 의심 없이 반복되어 왔지만, 그럼에도 불구하고 나는 이것을 의심한다.

독자는 구달(Jane Van Loewek Goodall)이 처음에는 침팬지들이 평화를 사랑한다고 생각했다는 점을 기억할 것이다. 그녀도 결국에는 그들이 서로 격렬한 전쟁들에 종사하고, 사실상 또한 내란들도 치른다는 점을 발견했다. 그녀가 그들이 평화를 사랑한다고 생각한 기본적인 이유는, 그녀의 최초의 연구 센터가 우연히 침팬지 족 영토의 한 가운데 놓여 있었고, 그래서 그녀가 경계 지역들을 관찰하지 못했기 때문이었다. 그것은 마치 1916년 지구를 방문한 어떤 화성인이 그가 착륙한 보르도(Bordeaux) 시의

---

5. "Influence of a Super-colonial Ant," *Formica Yessensis*, Forel on the distribution of other ants in Ishikari Coast. *Japanese Journal of Ecology*, 29(3): 257-264.

근처에서 거의 싸움을 볼 수 없었기 때문에 인간은 평화로운 존재라고 결론 내린 것과 다소 같다.

내 생각에는 어느 정도 동일한 효과가 히가시와 야마우치에게도 영향을 끼친 것 같다. 그들은 여러 장소에서 자기 개미들에 관해 수많은 관찰을 하였는데, 그저 우연이지만 두 군락들 사이의 경계를 맞추지 못했던 것이다.

전쟁들은 어떤 사회적 종들에서도 특별히 드물지 않다. 참으로, 윌슨(E. O. Wilson)은 한 때, 1,000시간보다 적게 관찰된 종들은 평화로운 것으로 생각될 것이고, 그 종들이 1,000시간을 넘어 매우 주의 깊게 관찰되면 호전적인 것으로 생각될 것이라고 말한 적이 있다. 인간은 덩치 큰 포유동물들 가운데서 가장 평화로운 동물일 것 같다.

싸우는 것은 개미들만은 아니다. 꿀벌과, 그 문제와 관련, 우리가 온대 지역에서 관찰하는 호박벌들은 영토를 보호하기 위한 어떤 노력도 하지 않고, 따라서 전쟁들도 하지 않는다. 그러나 열대지방의 침 없는 벌들은 때때로 격렬한 전쟁들을 하는데, 그 결과 우리는 아마 수많은 죽은 벌들을 숲의 바닥에서 보게 될 것이다.

그 차이에 대한 설명은 분명히 온대 지구에서는 꽃들의 분산된 성질 때문에 영토의 보존이 너무 비용이 많이 들게 된다는 점이다. 그러나 열대 지방에서는 아마 개별 나무들이 한꺼번에 화려한 꽃을 피울 것이다. 그 결과 매우 대규모의 집중된 화밀(nectar) 저장소가 있다. 경쟁적인 벌집들이 그것들을 차지하려고 싸우는 것은 특별히 놀랍지 않다. 아무튼, 비록 모든 종이나 모든 유형은 아니더라도, 개미는 때때로 분명 싸운다.

영토가 넓으면 넓을수록 식량 자원은 더 많아지고, 그래서 부양할 수 있는 개미들의 수가 점점 더 커진다. 국가 영토의 크기와 항상 식량을 찾아 영토를 샅샅이 뒤지는 일꾼들의 수는 개별 개미의 식량 소비의 안정성과 다양성의 근본적인 이유들이다. 대수의 법칙(law of large numbers)으로부터, 50만 마리 정도의 개미들에 의하여 모아진 식량 공급에서의 확률적인 변동이 단 한 마리 개미에 의하여 모아진 공급의 변동보다 상대적으로 훨씬 작을 것은 명백하다. 식량 수집 활동에 종사하는 개미들(전체 수의 약 1/3 정도)에 의하여 모아진 식량은 전체 개미 시민들이 매우 균등하게 나누기 때문에, 개별 개미는 매우 안정적인 음식물을 얻는다. 뿐만 아니라 기근의 시기에는 더 많은 일꾼들이 식량 수집으로 전환할 것인데, 이 결과 식량 공급이 안정되는 경향이 있다.

개미들 사이의 분업은 그 문제에 관해 생각하는 수고를 해 온 대부분의 사람들에게 흥미를 주었다. 식량 수집에 종사하는 1/3의 개미들 사이에는 상당한 내부적인 전문화가 있다. 약간은 화밀을 채집하고, 약간은 죽여서 고기로 쓸 수 있는 곤충들을 사냥하며, 또 다른 개미들은 다른 형태의 식량을 찾을 것이다. 물론 이런 전문화는 엄격하지 않고, 기회가 있으면 변화가 일어날 수 있다. 그렇지만 특정 개미는 보통 매일매일 식량을 징발하기 위하여 동일한 지역으로 되돌아 올 것 같다.

일단 식량 수집 개미들이 자기들의 식량 주머니들을 자기들이 모으는 어떤 식량 형태로든 가득 채우면,[6] 그들은 집으로 향한다. 그러나 자주 그들은 집에 도착하기 전에 짐꾼 개미들을 만나서 그들에게 식량을 전달한다. 이것은 그 식량 징발자들이 숙련된 노동을 단순히 운반하는 데 낭비하기보다는 자기들의 주된 임무들로 되돌아 갈 수 있도록 해준다.

일반적으로 분업 및 기술 보존의 원리는 인간 경제에 중요한 만큼 개미 경제에도 중요하다. 애덤 스미스(Adam Smith)는 자기의 유명한 책을[7] 분업을 논의하는 것으로 시작하였는데, 7-9쪽에서 그는 분업으로부터 얻을 수 있는 세 가지 이득을 제시한다. 첫 번째 이득은 "노동자의 숙련도의 향상은 그가 수행할 수 있는 작업의 양을 필연적으로 증가시킨다. 그리고 분업은, 각자의 일을 어떤 하나의 단순한 활동으로 축소시킴으로써, 그리고 이런 활동을 자기의 생애의 유일한 직(職)으로 만듦으로써, 필연적으로 노동자의 숙련도를 매우 크게 증가시킨다."는 것이다. 그 원리는 개미들에게도 똑같이 중요하다.

개미들은 대규모의 행동 유형 집합을 유전받는 능력을 보여주므로, 그리고 그것이 아주 규모가 커서 상이한 종들의 집들이 쉽게 구별될 수 있을 정도이므로, 그들이 학습된 기술들을 별로 이

6. 혹은 그것이 한 조각의 불행한 곤충처럼 고체이면 자기들의 아래 턱 속에 집어넣고서.

7. *The Wealth of Nations*, New York: Modern Library, 1937.

용하지 않는 것으로 생각될지 모른다. 분명히 사실은 그 반대인데, 비록 학습된 기술들이 어떤 의미에서 유전적인 행동 유형들로부터 유래된 것이라 하더라도 그렇다. 개미들은 전환이 필요하다면 식량 징발로부터 어린 개미의 양육으로, 혹은 집을 수리하는 것으로 매우 쉽게 전환하며, 대체로 자기들의 새로운 "일"을 처음부터 곧바로 잘 처리한다.

그럼에도 불구하고 그들은 분명히 배울 수 있다. 징발자들로 되돌아 가 이야기하자면, 그들은 화밀을 얻을 수 있는 일정 나무와 가지를 발견하는 방법에 관한 유전적인 지시들을 거의 지닐 수 없다. 추측컨대 그들은 식량을 징발하려는 충동 이외에도 새로운 식량 징발 영역들을 찾기 위한 탐색 요소들과 그것들을 이용하기 위한 이용 요소들 둘 다를 포함하는 일반적인 프로그램을 유전받는다. 그러나 아무튼 개별 개미들은 어디서 식량을 발견할 수 있는가를 분명 배우며, 그리고는 그 특정 지역으로부터 식량을 수집하는 데 전문가들이 된다. 상황이 요구한다면 그들은 어떤 다른 영역으로 전환할 수 있지만, 이것은 탐색과 재학습의 기간을 필요로 한다.

이것이 개별 개미 행동의 유형이라는 점은 개미 공동체에게는 다행이다. 개미는 매우 작은 뇌를 가지고 있으며, 어느 개별 개미도 자기의 집 근처의 모든 징발 지역들과 그것들에 이르는 가장 좋은 길들을 기억할 수 있을 것이라고 생각할 수 없다. 이 기억을 여러 개미들 사이에 조금씩 나눔으로써 상당히 넓은 영토의 이용이 가능해진다.

물론 우리 인간들도 이와 유사한 기법을 이용한다. 어떠한 인간의 기억력이라도 매일 우리의 경제 생활에 적용되는 기술들의 전부 혹은 상당한 부분을 기억할 수 없을 것이지만, 전문화로 인하여 어떤 인간이든 그것들을 썩 많이 알 필요가 없다. 개미들과 마찬가지로 우리 각자는 어떤 특별한 기술을 배워서 연습으로 우리의 솜씨를 향상시킨다.

또한 만약 어떤 상황이 우리의 습득된 기술을 버리고 다른 기술을 배우도록 요구한다면, 개미와 마찬가지로 우리는 이런 과업에 시간과 정력을 바쳐야 할 것이며, 처음에는 다소 비효율적일 것이다. 개미와 인간의 차이는 그저 우리의 더욱 복잡한 두뇌에 있는데, 이 두뇌는 우리가 우리의 기억 속에 개별 개미가 기억할 수 있는 것보다 훨씬 더 많이 기억하는 것을 용이하게 한다. 그러나 이것은, 비록 매우 크고 중요한 차이긴 하지만, 정도의 차이지 종류의 차이는 아니다.

만약 우리가 개미는 어떻게 새로운 징발 지역을 "겪어 아는가"(learn)를 고찰한다면, 아마 우리는 그 과정이 어떻게 작용하는가에 대해 더 잘 알 수 있을 것이다. 그러면 점점 커지는 집이 차츰차츰 그 식량 징발 지역을 확장하고 있다고 가정해 보고, 더 나아가 그것은 경계선들이 "열려 있다"(open)고, 즉 그것은 그것의 팽창을 저지할 어떤 다른 개미 "국가"와도 국경을 접하지 않는다고 가정해 보자.

이것은 적어도 약간의 개미들이 개척의 경계 너머의 지역을 탐색하는 데 종사할 것이라는 점을 의미할 것이다. 아마도 탐색에 대한 충동은 집의 식량 요구들과 이미 이용 중인 지역에서의 "혼잡" 조건들의 결합으로부터 발생할 것이다. 대부분의 개미들은 현존 지역에서 계속 일할 것이고 오직 소수만이 탐색에 참여할 것이기 때문에, 이런 종류의 분업이 존재하도록 보장하는 어떤 기제가 제공되어야만 한다.

본서의 주요 목적들 중의 하나가 이런 조정 기제의 설명이기 때문에, 나는 그것의 논의를 뒷장으로 미루고자 한다. 우선은 다만 그 조건들로 말미암아 많지는 않지만 약간의 개미들이 기존 자원들의 이용으로부터 벗어나서 더 많은 것들을 찾아 헤맨다는 점만 언급하기로 하자.

자기 도시의 여전히 신비스러운 통제력에 의하여 어둠의 경계들을 후퇴시키도록 선발된 한 마리의 개미를 따라가 보자. 만약 우리가 경계를 넘어 그것을 따라 가 보면, 우리는 그것이 매우 불규칙한, 그러나 그 자체가 거의 교차하지는 않는, 길을 따라 그저 아무렇게나 여기저기 찾아다닌다는 점을 알아차리게 될 것이다.

만약 그것이 식량원을 발견한다면, 그것은 식량의 약간을 자기의 큰 턱들 속에 집어넣거나, 만약 그것이 액체 상태라면 그것을 자기의 식량 주머니 속에 집어넣는다. 아무튼 개미는 한 짐 가득 지자마자 집으로 되돌아 올 것이다. 그것이 되돌아 오는 길은 나가는 길과 대략 동일할 것이다. 비록 그것이 길을 약간 곧게 만들지 모르지만, 그것은 기본적으로 자기 자신의 발자취를 따라 되돌아 올 것이다.

그 다음 일어나는 일은 대체로 개미가 발견한 식량의 공급량이 단지 그 개미가 모은 소량이냐 아니면 아직도 미래의 여행에서 수집할 공급량이 남아 있는가에 달려 있다. 후자의 경우를 가정하면, 그 개미는 자기의 식량 짐을 집에 있는 다른 개미나 집 근처 개발된 지역의 자주 여행하는 길들 중 하나에 있는 짐꾼 개미에게 전달한 다음, 새로 발견된 식량원으로 되돌아 갈 것이다.

만약 식량원이 꽤 크다면, 그것은 많은 다른 개미들을 데리고 올지 모른다. 그것이 이 동료들을 데리고 오는 기제는 여전히 상당히 신비스럽다. 벌들은 벌집의 다른 구성원들에게 식량의 위치를 알리는 데 사용하는 잘 발달된 춤 언어(dancing language)를 가지고 있다. 지금까지 이와 비슷한 어떤 것도 개미들 사이에는 발견되지 않았다. 개미들은 단지 흥분의 감정을 서로 전달할 수 있을 뿐인 것 같다. 아마 이것이 식량을 발견한 개미가 그것을 수집하기 위하여 몇몇 동료들을 데리고 돌아가는 개미의 능력을 설명할 것이다.

만약 새로운 징발 지역이 영구적으로 생산적이라는 징후를 보이면, 그것을 개척하는 정규적인 체제가 생기고, 많은 개미들이 그 곳에서 식량을 모으는 일에 전문화할 것이다. 집이 이런 종류의 전문화로부터 얻는 경제(economy)는 통상 이 일에 참여하는 개미들의 특별한 기능과 지식으로부터 나온다.

이것은 분명히 매우 단순하기 때문에, 전문화된 지식의 이점은 인간들에게 반드시 뚜렷하게 보이지는 않는다. 그러나 개미는 매우 제한된 뇌를, 때때로 그것이 불가능한 것같이 보일지 모르지만 심지어 대학생보다 더 제한된 뇌를 가지고 있다는 점을 기억해야만 한다. 다소 유사한 상황에서, 다윈(Darwin)은 꿀벌들이 일정한 식량 징발 탐사에서 보통 오직 한 종류의 꽃만 방문한다고 지적했다. 그는 이런 습성이 이익이 된다고 지적하였는데, 왜냐하면 일단 벌이 한 종류의 꽃의 구조적인 복잡성에 익숙해지면, 그것은 각각 자기 자신의 특유한 구조를 가진 많은 다른 종류들로부터 채집하는 것보다 이런 종류의 꽃들로부터 더 신속하게 식량을 채집할 수 있을 것이기 때문이다. 동일한 유형의 이득을 일정한 지역들에 익숙해진 개미들이 얻을 수 있다.

새로운 지역을 "개척하는"(working) 개미들은 자기들이 식량 징발 지역들까지 따라 가는 길을 점차 곧게 만들어, 드디어 그 길은 그 새로운 지역과 집 혹은 집에 이르는 주 도로들 중의 하나를 연결하는 직선에 가깝게 될 것이다. 이 직선화 과정은 개미가 많은 생각 없이 상당히 효율적인 결과들에 도달하는 방법의 좋은 예이다. 사실상 그것은 오늘날 이용 가능한 정밀한 측정 도구들 없이 곧은 도로들을 설계하는 데 로마인들이 사용했던 방법과 유사하다.

경계표들을 인식할 수 있는 어떤 능력 이외에도, 개미는 주기적으로 자기의 배를 땅에 대어 냄새의 흔적을 남김으로써 자신의 발자취를 표시한다. 개미들은 하여간 시각보다는 후각에 의존하기 때문에, 이로 인해 개미는 표시된 어느 발자취도 쉽게 따라 갈 수 있다. 그것은 또한 계속적인 "지름길 찾기"(corner- cutting) 과정의 원인이 되는데, 그 결과 개미의 발자취들이 점점 직선에 근접하게 될 것이다.

A 지점의 개미가 C 지점에 정규적인 볼일이 있다고 가정해 보자. 첫 여행은 다소 불규칙적이었으며, 두 냄새의 흔적이 B 지점과 C 지점에 남겨져 있다.

B

B^1

A

C

그 개미는 지금 A 지점에 있는데, 여행을 반복하기로 계획하고 있다. 그것은 B 지점과 C 지점 모두로부터 냄새를 받는데, 물론 B가 더 가까워서 C로부터의 냄새가 더 희미할 것이다. 개미는 그저 냄새의 "중심"(center of gravity)으로 방향을 잡는데, 중심은 A와 C를 연결하는 직선보다 A와 B를 연결하는 직선에 더 가까운 각도에 있을 것이지만, 여전히 이것은 B의 "모서리" 약간을 깎을 것이다.

만약 그 개미가 지금 B^1 지점에 냄새 "표적"(blaze)으로 이 새로운 자취를 표시한다면, B 지점의 원래 냄새가 점점 엷어져 사라지는 것과 더불어, 냄새의 중심은 A 지점으로부터 관찰될 때 점점 오른쪽으로 이동할 것이며, 따라서 개미의 길도 역시 이동할 것이다. 결국 그것은 A 지점에서 C 지점으로 연결하는 직선에 근접할 것이다.[8]

만약 새로운 식량 징발 지역이 매우 많은 개미들이 정규적으로 그 곳을 찾을 만큼 충분히 생산적이라면, 그 곳에 이르는 정규적인 도로가 개발될 것이다. 집과의 왕복 여행들이 되도록이면 용이하도록 장애물들은 제거될 것이고, 노면은 평탄해질 것이다. 만약 그 지역이 멀리 떨어져 있다면, 개미들이 안전하게 간헐적인 밤을 보낼 수 있는 작은 야영지들이 만들어질 것이고, 그 결과 개미들은 본가(main nest)로 되돌아 올 필요가 없을 것이다. 그 전체는 매우 잘 조직되어 있는 것처럼 보인다. 일부 개미들은 식량을 얻는 데 종사할 것이며, 다른 개미들은 그것을 집까지 "운반하는" 데 종사할 것이다. 이 밖에도, 도로를 "유지하는" 데 종사하는 개미도 소수 있을지 모른다.

아마도 본가에서 사용할 건축 자재를 모으는 개미들도 소수 있을 것이다. 길 잃은 곤충들의 형태의 고기를 구하기 위하여 본 식

---

8. 매우 가능성이 높은 가설이긴 하지만, 이것은 가설로서 생각되어야 한다. 이용 가능한 수많은 "지름길 찾기" 절차들이 존재하는데, 이것들은 모두 결국 직선에 근접하게 되는 원인이 될 것이다. 올바른 절차의 선택은 실험주의자에게는 문제일 것이다. 그러나 그것은 별로 중요한 문제가 아니기 때문에, 그 해결은 아마 지연될 것이다.

량 징발 지역들로부터 멀리 떨어진 지역들을 이리저리 다니면서 사냥하는 다른 개미들도 확실히 있을 것이다. 그러나 이 전체의 미묘하게 균형 잡힌 분업은 어떠한 "기획위원회"나, 한 개미로부터 다른 개미에게로 전달되는 어떤 종류의 어떠한 명령들이나 지시들이 없이도 이루어진다. 비록 개미들이 서로에게 "모범을 보이고"(set examples), 흥분의 감정을 전달할 수 있긴 하지만, 그들의 언어로는 가장 간단한 지시들조차 전달할 수 없다.

그러나 지상에서의 개미들 사이의 이런 효율적인 분업은 오직 전체 집의 총 경제적인 조직의 일부분, 그리고 보다 더 작은 일부분일 뿐이다. 개미들의 약 1/3은 지상에서 식량을 징발하는 데 종사하고, 나머지 2/3는 집 자체 내부에서 보충적인 활동들에 종사한다. 1/3의 식량 수집자와 다른 활동에 종사하는 2/3 사이의 비율은 다소 오해의 소지가 있다. 산업혁명 이전까지 대부분의 인간 사회들은 그들 인구의 약 80%를 농업 부문에 가지고 있었는데, 그러므로 개미 공동체들은 가장 현대적인 인간 사회들을 제외한 모든 사회들보다 더 효율적이었던 것처럼 여겨질지 모른다. 그러나 사실상 이것은 단지 외양일 뿐이다.

인간 경제의 농업 부문의 인구는 가정 주부들과 어린이들을 포함한다. 가정 주부들은 공동체에다가 기본적으로 비농업적인 서비스를 제공한다. 개미 공동체들에서는 비슷한 활동들이 집 내부에서 일어나기 때문에,[9] 개미들은 비교에서 부당한 이점을 갖고

9. 물론 그 활동들은 인간 사회들에서도 그러하다.

있다.

유사하게, 어린 개미 세대들, 곧 알, 애벌레, 번데기와 새내기들(번데기로부터 "부화"는 했지만, 비교적 연약한 피부를 가지고 있고, 다른 면에서 아직 완전히 성숙하지 않은 개미들)은 철저하게 집 속에 보존되고 있다. 산업혁명 이전의 인간 사회에서 실제로 농업에 종사한 총 인구의 비율은 식량 수집에 종사하는 개미들의 비율보다 다소 적었을 것 같다.

불행하게도 곤충학자들은 땅 속 큰 개미집에서 일어나는 일에 관해 지상에서 일어나는 일보다 더 적게 알고 있다. 지상에서 개미들을 관찰하는 것은 매우 간단하며, 원한다면 한 마리를 온 종일 내내 따라다닐 수 있다.[10] 그러나 일단 그들이 자기들의 집으로 들어간 후에는, 그들은 체계적인 관찰에서 벗어나게 된다.

물론 유리벽으로 된 집들을 설치해서 관찰할 수 있지만, 실제로 이런 기법은 매우 작은 장치로 제한되는데, 아마 5,000마리 개미들이 극한일 것이다. 그러므로 문명화된 개미들의 거대한 집들 속에서 일어나는 일은 직접적인 관찰보다는 작은 집들을 가지고 행한 연역과 유추로 알아낸다. 자연히 이것은 이로부터 얻는 우리의 정보가 개미들의 지상 활동들에 관한 우리의 지식보다 덜 완전하고 믿을 수 없다는 것을 의미한다.

그러나 땅 속에서 일어나는 일의 일반적인 구조는 알려져 있

10. 당신이 초인적인 구별 능력을 가지고 있지 않다면, 그것을 어떤 방식으로 표시하는 것이 최선이다.

다. 우선, 집 그 자체에 관한 많은 일이 있다. 만약 집이 커지고 있다면, 그것은 그 특정 종의 특징을 이루는 기본적인 계획에 따라[11] 물리적으로 확장되어야 한다. 비록 확장이 요구되지 않더라도, 유지와 보수가 계속적으로 필요하다. 모든 부스러기를 제거함으로써 집을 청결하게 유지하는 것도 역시 아주 많은 일꾼들을 필요로 하는 작업이다. 그러나 집의 진정 중요한 일은 다음 세대의 개미들의 생산에 관한 것이다.

각각이 지속적으로 자신의 "신하들"(court)에 의하여 둘러싸여 있는 여왕들을 돌보는 것과 그녀들이 낳는 알들을 조심스럽게 수집하는 것은 오직 첫 단계일 뿐이다. 알들은 주기적으로 씻어 주고, 온도와 습도의 면에서 항상 이상적인 환경에 놓이도록 집의 여기저기로 옮겨서 조심스럽게 보살펴야 한다. 그것들이 애벌레로 부화할 때는 그것들을 먹여 주어야 하며, 여전히 씻어 주고 여기저기로 이동하는 것이 필요하다. 애벌레가 번데기로 될 때도 그것들은 여전히 많은 보살핌이 요구되며, 마침내 개미가 번데기 껍질로부터 나올 준비가 되어 있을 때도 그것은 도움을 받아야

11. 전문가들은 일정 개미 종의 모든 집들이 정확하게 똑같다는 진술을 자주 하는 것 같다. 이것은 비록 용서할 수 있는 과장이라고 하더라도 과장이다. 단지 집을 관찰함으로써 개미의 종들을 구별하는 것이 종종 가능하지만, 집들은 종 안에서도 분명 매우 다르다. 아마 그 상황은 동북아시아에서의 인간의 주거들에서의 상황과 유사할 것이다. 나는 아주 피상적인 검토로도 항공사진이 보여주는 것이 일본 마을인지, 한국 마을인지, 아니면 중국 마을인지를 구별할 수 있지만, 이것은 모든 한국 마을들이 정확히 똑같다는 것을 입증하는 것은 아니다.

하는데, 왜냐하면 개미들은 혼자 힘으로 껍질 바깥으로 나올 수 없기 때문이다. 새롭게 부화된 개미는 ”새내기“로서 아직 완전히 성숙되지는 못할 것이다. 그래서 2-3일 동안 그것은 집의 활동에 완전히 참여할 수는 없고, 추가적인 보살핌이 필요할지 모른다.

어떤 개미 종들은 이런 기본적인 활동들 이외에도 집에서 고도로 정교한 경제적 활동들에 종사한다. 그들은 가축[만약 그들이 영구히 집에 보존된다면 뿌리 진딧물들(root aphids)]을 기르거나, 버섯 재배에 종사하거나, 그렇지 않으면 그저 그 해의 농한기에 대비하여 대규모 분량의 식량을 쌓아 올릴지 모른다. 하기야 우리의 숲 개미는 이렇게 정교한 일에 종사하지는 않는다. 그러나 개미들은 또한 많은 여가를 즐긴다. 부지런한 개미에 관한 전설적인 명성은 그들이 주로 보통 일할 때만 관찰된다는 단순한 사실로부터 유래되는 것 같다. 그들의 여가 시간들의 대부분은 우연의 관찰로부터 벗어난 땅 속에서 쓰인다.

개미들의 “여가”에 관한 논의는 상당한 의인화(擬人化) 없이는 가능할 것 같지 않다. 일정한 개미 활동들을 기술하는 데 아주 적합한 것으로 보이는 용어들은 본래 인간 활동들을 기술하기 위하여 만들어졌으며, 우리가 그렇게 별로 알지 못하는 곤충들에게 사용하기에는 사실상 적합하지 않은 일정한 함의를 필연적으로 지니고 있다. 그럼에도 불구하고 그것들은 우리가 가지고 있는 유일한 용어들이다. 따라서 용어들을 통상적인 의미로 사용하면, 개미들은 자기들의 시간의 많은 부분을 스스로 몸단장하는 데,

다른 개미들을 몸단장시키고 핥는 데, 사교적 활동이라고 여겨지는 것에, 그리고 그저 빈둥빈둥 게으름을 피우는 데 소비하는 것처럼 보인다.

다소 둔하고 고도로 관례화한 개미의 뇌에서 우리가 사교 활동과 관련시킬 정신적인 과정이 일어나는지 아닌지를 알 방법이 없다. 우리가 말할 수 있는 모든 것은, 흔히 분명한 실질적인 목적 없이, 개미들이 집 여기저기를 돌아다니고 다른 개미들과 만나서 더듬이를 문지르는 피상적인 모습이 사교 생활과 아주 닮아 보인다는 점이다.

다른 개미들을 몸단장시키고 핥아주는 것은 보통은 개미들이 그것으로부터 즐거움을 얻는다는 견지에서 설명되는데, 물론 여기서 다시 우리가 이런 곤충들을 너무 지나치게 인간처럼 다루고 있는지 모르겠다. 확실히 그것은 진화적인(evolutionary) 가치를 지니고 있다. 몸단장하는 것은 개미를 질병으로부터 보호하는 어떤 목적에 기여한다. 서로 핥아주는 것은 집의 조정에 주된 역할을 하는 것 같다. 그것으로 말미암아 개미들 사이에 호르몬들이 천천히 상호 교환될 수 있는데, 이러한 교환은 그들의 행동들의 많은 부분을 통제한다.

우선, 그들은 분명히 자기들 자신의 집의 구성원들이나 자기들의 "국가"로 연방화되어 있는 다른 집들의 개미들을 냄새로 식별하는데, 냄새 "배지"(badge)는 분명히 서로 핥아주는 과정에 의하여 개미들 사이에 돌아다닌다. 내가 앞에서 지적했듯이, 때때로 커다란 개미 국가를 분열시키는 내란들은 그저 집단이 지리적으로 너무 커져서 서로 몸단장을 해주는 과정이 집의 한 쪽 끝에서 다른 쪽 끝에 이르기까지 개미들의 냄새에 일종의 경사도를 발전시키기 때문에 발생하는 것 같다.

따라서 집의 서로 다른 지역들로부터 온 개미들은 그들이 만날 때 서로의 냄새를 반드시 알아차리지는 못할 것이며, 그 결과 서로를 적으로 취급할지 모른다. 그 상황에서는 확률적인 발달들로 말미암아 냄새의 연속성이 어떤 점에서 진짜 파괴될지 모르며, 이것으로 싸움이 일어나고 상호 몸단장해주는 관계들이 파괴되게 된다. 그 두절 때문에 냄새 차이는 더욱 크게 되고, 개미 국가는 두 개의 상호 적대적인 국가들로 분열될 것이다.

한층 더 중요한 것으로, 서로 핥아주는 과정에 의하여 많은 통제(control) 호르몬들이 집의 여기저기를 돌아다니는 것 같다. 예를 들면 여왕들의 수는 일꾼들의 수의 함수인 것 같은데(그 역도 성립한다), 그 기제는 일꾼들이 여왕을 핥아줌으로써 얻고 그 다음 서로 몸단장해줌으로써 자기들 사이에서 상호 교환하는 일정 호르몬들의 희석의 정도에 토대를 두고 있는 것 같다. 그런 관계들이 이 밖에도 많이 있다. 물론 개미들은 그 문제의 진화 및 통제의 측면들을 알지는 못한다. 분명히 그들은 그 맛을 좋아해서 서로 핥아주는 데 종사한다. 그럼에도 불구하고 이 단순한 쾌락주의는 "사회적인" 목적에 이바지한다.

그러나 분업으로 되돌아가면, 식량 수집대(隊)로부터의 전 집에 걸친 식량 분배는 아마도 개미 “국가”의 대내 경제의 가장 중요한 단일 측면일 것이다. 전 개미 군락의 커다란 급식 범위와, 획득된 식량은 모든 개미들이 함께 나눈다는 사실은, 개별 개미의 식사가 상대적으로 안정적인 본질적인 이유이다. 대수의 법칙(the law of large numbers)은 각 개미의 “수령액”이 매일 크게 변화하지 않도록 보장해 준다.

그러나 식량의 계획된 이동은 없다. 우리는 아마 개미 공동체의 식량 수송 체계에 관해 완전 무작위 보행 모형(completely random walk model)을 만들 수 있을 것이다. 한 울 안에 100,000 마리의 개미들이 있고 그들 중 33,000마리는 정규적으로 식량을 획득한다고 가정해 보자. 만약 우리가 더 나아가, 각 개별 개미가 짧은 기간 동안 자신의 식량 필요량의 약 10배 정도를 운반할 수 있고(이것은 현실적이다), 두 개미가 만날 때 많은 식량을 가진 개미가 그들의 식량이 똑같아지도록 다른 개미에게 충분히 전달한다고 가정한다면(이것은 개미들이 따르는 어떠한 실제 규칙보다도 훨씬 더 단순하다), 단순 무작위 보행 및 조우는 대부분의 개미들이 적당한 식사를 하는 결과를 가져올 것으로 여겨진다.

사실상 개미들은 무작위로 걷지 않는다. 징발 지역들에서 식량을 획득한 개미들은 즉시 집을 향해 간다. 비슷하게, 집에서 일하는 배고픈 개미들은 돌아오는 식량 운반자들을 만날 가능성이 더 많은 집 입구들 쪽으로 간다. 만약 식량 수집이 상대적으로 부족하다면, 개미들은 식량을 구하기 위해 집 바깥으로 나가야 할지도 모르고, 심각한 부족 상황에서는, 그들은 개미 국가 안의 다른 도시들의 집들을 방문할 마음이 생길지도 모른다.

따라서 식량은 어떠한 중앙 계획이 없이도 매우 공평하게 분배된다. 그 과정은 분명히 확률적이지만, 개미들은 무작위 보행 대신에 보통은 식량 공급자들과 식량 소비자들을 동일한 지역들에 데리고 옴으로써 식량 전달들이 아주 효율적으로 수행되는 양식(樣式)을 따른다. 무작위 보행 조건 아래에서는, 적어도 한 마리의 개미는 식량을 받지 못할 가능성이 제한적이나마 있을 것이다. 그러나 허기가 증가하면 개미로 하여금 식량 공급자들을 향하여 이동하도록 자극하는 실질적 상황이라면, 이것은 그렇지 않다.

개미 전문가들 사이에는 개미들은 거의 균등한 양의 식량을 받는다는 막연한 느낌이 있는 것 같다. 내가 아는 한, 지금까지 그 문제에 관한 구체적인 연구는 없었다. 만약 모든 개미들이 음식에 대해 비슷한 상대적인 선호들을 가지고 있고, 만약 매일 집 속으로 가져오는 식량의 총량이 전 집단이 물리적으로 소비할 수 있는 양과 동등하거나 그것을 능가한다면, 균등한 소비는 아주 가능성이 있을 것이다.

이런 두 조건들이 결여되어 있다면, 그리고 두 번째 조건은 맬서스적 세계에서는 드문 것이 틀림없는데, 어떤 개미들이 다른 개미들보다 더 많이 먹을 것 같다. 따라서 개미들이 소비라는 면에서 평등주의적이라는 것은 가능성은 있지만, 확실히 그것에 대한 증거는 없다. 아마도 평등주의의 정도는 다소 낮을 것이다. 개미는 어디에선가 자신의 에너지를 얻어야 하기 때문에, 확실히 개미의 활동량과 식량 소비량 사이에는 어떤 비례관계가 틀림없이 존재할 것이지만, 그러나 그 인과관계는 식량 소비에 대한 제한으로부터 총 활동에 대한 제한으로의 방향일 것이다. 가장 열심히 일하고 가장 헌신적인 일꾼들이 자기들의 수고에 대한 보상으로 추가적인 식량을 받았을 것이라는 점을 보장할 자연적인 기제는 없다.

사실상 *모든* 개미들이 열심히 일한다거나 도대체 일을 한다는 실질적인 증거가 없다. 개미 연구의 전문가들이 모든 개미가 유익한 활동에 종사하는지 아닌지를 발견하기 위하여 하루 정도 수많은 개미들을 그들의 집들 안으로 따라 다닌 적은 당연히 없다. 확실히 어떤 개미들은 일한다. 똑같이 확실히 어떤 개미들은 때때로 일광욕에 종사하거나, 잠을 자고 있거나, 분명히 여가를 즐긴다.

모든 개미들이 일과 여가를 혼합해 잘 균형 잡힌 생활을 하는지, 어떤 개미들이 다른 개미들보다 더 많이 여가를 즐기는지, 혹은 어떤 개미들은 조금도 일을 하지 않고 식량을 나머지 개미들에게 의존하는지는 현재 상태의 우리 지식을 가지고는 대답할 수 없는 질문이다. 개미를 연구하는 것을 전문으로 해 온 연구자들은 사실상 그것을 질문할 생각조차 하지 않았던 것 같다.

문제는 개미들이 직접적 교환으로서 하는 일은 아무것도 없다는 사실에 놓여 있다. 만약 한 개미가 다른 개미에 의하여 수행되는 어떤 서비스에 대해 식량으로 "지불"한다면, 일하지 않는 개미들은 먹지 못할 것이기 때문에, 우리는 모든 개미들이 일하고 있다는 어떤 확신을 가질지 모른다. 그러나 이것은 일어나는 일이 아니다. 식량은 그저 배고픈 개미에 의한 "요구"에 따라 전달된다. 앞의 장에서 언급되었듯이, 약간의 말벌들에서는 일꾼들은 한 방울의 액체를 얻기 위하여 애벌레에게 한 조각의 고기를 가져다준다. 음식이 부족할 때는 성충들은 대가를 지불하지 않고 액체를 얻기 위하여 때때로 가련한 애벌레들을 "학대한다."

약간의 필자들은 교환 관계들을 알아내려고 노력해 왔지만, 그 노력은 성공하지 못하였다. 예를 들면 개미들은 여왕을 핥기를 즐긴다는 것과, 여왕이 낳는 알들에 그들이 크게 관심이 있다는 것을 지적할지 모른다. 여왕이 알과 신체 분비물을 생산하는 것은 여왕의 식량 소비의 함수라고 가정되어야 하기 때문에, 개미가 여왕의 "생산물들"과 "교환"하기 위하여 여왕에게 식량을 가져다준다고 때때로 주장되기도 한다.

그러나 사실은 식량을 가지고 들어오는 개미가 어떤 다른 개미보다 더 여왕을 핥는 데 편애를 받는 것이 아니며, 반면 알들은 여왕의 입으로부터 반대 쪽 끝에서 아주 쉽게 모아진다. 여기서 우리는 "신의 왼손"(the left hand of God)의 예를 보는데, 이것은 사회적 이익은 있지만 개인의 이익은 없는 활동이다. 확실히 여왕은 먹어야 하지만, 여왕의 분비물들을 바라는 각 개미가 여왕에게 줄 식량을 수집하러 나선다면 잘하는 행동은 아니다.

만약 그렇게 하고자 한다면 개미가 일을 회피하고도 여전히 계속 잘 먹을 수 있을 것이라는 점은 분명한 것 같다. 이것이 본래 그리고 저절로 개미집을 파괴하지는 않을 것이라는 점도 또한 꽤 확실하다. 어떤 개미집들에는 사실상 생산은 하지 않고 단지 소비만 하는 많은 거주자들이 있다. 우선, 짝짓기 비행을 할 때가 될 때까지 그저 빈둥빈둥 게으름만 피우는 수컷들이 있다. 그들은 조금도 일을 하지 않음에도 불구하고 매우 충분하게 먹는 것 같다. 게다가, 그들의 존재가 분명히 집에 대해 견딜 수 없는 짐이 되는 것도 아니다.

이 밖에도, 여러 가지 방식으로 개미들로 하여금 자기들을 부양하게 만드는 많은 전문화된 기생충들이 개미집들 속에 살고 있다. 로메추사(*Lomechusa*) 딱정벌레들과 같이, 이런 기생충들 중 어떤 것들은 충분히 수가 많아지면 개미집을 파괴할지도 모른다. 그러나 분명히 상당한 수의 그런 기생충들은 많은 어려움 없이 부양될 수 있다.

아마 사무라이 개미(*Polyergus rufescens*)는 게으름뱅이들이 개미집 속에서 편안하게 살 수 있다는 가장 분명한 증거를 제공할지 모른다. 사무라이 개미는 노예부리는 개미인데, 그 "일꾼들"은 전투를 위하여 심하게 전문화되어 왔다. 그들은 집의 어떤 일도 수행할 수 없다. 사실상 그들은 자기들의 입 부분들이 스스로 먹을 수 없는 정도까지 전문화가 되어버렸기 때문에, 그들의 노예들이 먹여주어야 한다. 분명히 노예 개미들이 사무라이 개미 군락의 모든 일을 수행하여야 한다. 노예들이 뚜렷한 어려움 없이 꽤 큰 사무라이 개미 집단을 부양할 수 있다는 사실은 만약 그들을 제 뜻대로 하게 내버려두었더라면 그들이 자기들 자신의 집단의 상당한 부분을 일하지 않는 상태로 부양할 수 있었을 것이라는 꽤 좋은 증거이다.

개별 개미가 노동을 하지 않고는 아주 잘 살 수 없는 특별한 이유는 없는 것 같지만, 누구든 노동을 않고도 산다는 것도 결코 확실하지 않다. 개미 공화국이 작업 부담 분배에서 특별히 평등한 것이 아니라는 점은, 가능성은 있어 보이지만, 특히 그럴 것 같지는 않다. 개미 행동은 유전에 의하여 매우 심하게 조건지어진다. 어떤 특정 개미의 유전은 여왕을 통하여 일어나며, 일개미는 직접적인 자손이 없다. 따라서, 집의 나머지 개미들에게 의존하는 게으름뱅이의 적소가 진화적으로 개방되어 있고 여러 가지 기생충들이 그것을 이용해 왔지만, 만약 개미가 이 길을 따른다면 그 개미는 자신의 유전자들을 물려줄 수 없을 것이다. 종 안에서는 유전적인 기생충들의 발달은 불가능하다. 우리의 숲 개미들의 것들과 같이 다수 여왕을 가진 집들에서는, 만약 여왕들 중 한 여왕의 자손들이 다른 여왕들의 자손들보다 일하려는 유전적인 충동을 덜 가지고 있다면, 이 결과 이 여왕이 미래의 여왕들의 조상이 될 가능성이 결코 증가되지 않을 것이다. 사실상 이것은 집의 총 효율성을 떨어뜨림으로써 그 가능성을 약간 감소시킬지도 모른다. 물론 이와 반대로, 만약 여왕들 중 하나가 더욱 활동적인 자식들을 가지고 있다면, 이것은 또한 미래 세대들에서의 그녀의 몫을 약간 증가시킬 것이다.

분업으로부터 얻을 수 있는 이익들에 대해 애덤 스미스(Adam Smith)에 의하여 제시된 두 번째 이유는 다음과 같다. "한 종류의 작업에서 다른 종류의 작업으로 넘어가는 데 흔히 상실되는 시간을 절약함으로써 얻는 이득은 우리가 첫 눈에 생각하기 쉬운 것보다 훨씬 더 크다." 인간에 대해서와 마찬가지로 개미에 대해서도, 이것은 첫 눈에 썩 중요한 절약은 아닌 것 같다. 더 자세한 연구가 없을 경우에는, 우리는 그것이 존재한다고 확실히 말할 수조차 없다.

기존의 개미집의 상황에서는 한 종류의 작업에서 다른 종류의 작업으로 넘어가는 데 소비되는 시간은 정말 꽤 상당할 것인데, 왜냐하면 작업들은 보통 아주 다른 위치들에서 계속되어, 그 결과 개미가 자신의 일을 바꿀 때마다 상당한 거리를 이동해야만 할 것이기 때문이다. 그러나 이것은 분업의 원인이기보다 차라리 분업의 결과이다. 만약 개별 개미들이 분업 없이 스스로 모든 일을 계속한다면, 그들은 정교한 집에 대한 욕구가 없을 것이고, 따라서 이런 여러 가지 활동들을 단일 지역에서 수행할 수 있을 것이기 때문이다. 그러나 추측컨대 그 절약은 혼자 일하는 개미가 집에 주어진 자원들을 충분히 사용할 수 없는 점으로 상쇄돼버릴 것이다.

애덤 스미스(Adam Smith)의 세 번째 이유는 『국부론』에서 다소 혼란스럽게 제시되어 있다. 그의 책을 읽은 적이 있는 사람은 누구나 알고 있듯이, 그는 강한 친노동적 편견(pro-labor bias)을 지니고 있어서, 이것으로 인하여 때때로 그는 실수를 저질렀다. 그의 세 번째 요지는 기본적으로 분업이 전문화된 도구와 장비를 개발할 수 있게 함으로써 제공하는 이득이다. 불행하게도 노동에 대한 그의 극단적으로 호의적인 태도 때문에, 그는 그런 전문화된 장비는 대개 노동자의 발명이라는 주장의 형태로 그 문제를 제시하게 된다. 그가 노동자 아닌 다른 사람들도 역시 그런 발명품들을 만든다고 구체적으로 분명 언급하고는 있지만(p. 10), 그것은 오늘날의 관점에서는 확실히 이상한 것 같다. 그러나 우리는 그의 친노동주의로부터 벗어나서 단지 전문화된 자본 장비의 사용으로부터 얻게 되는 이득만 논의할 수 있다.

개미들은 엄격하게 말하자면 도구들을 사용하지 않는다. 잎사귀를 함께 꿰매어서 자신의 집들을 만드는 열대 나무 개미(tree ant)가 있다. 그것은 애벌레들이 번데기 단계에 있을 때 애벌레들이 고치를 치지 못하도록 하여 애벌레들로부터 실을 얻어서, 애벌레를 일종의 살아있는 배드민턴 셔틀콕(깃털공)으로서 이용하여, 애벌레가 생산 중인 생사를 가지고 잎사귀들을 바느질하는 개미들 사이를 왔다갔다 하게 한다. 그러나 이것이 전체 사회적 곤충 공동체에서 엄격한 도구 사용에 가장 가까운 것이지만, 그것이 썩 가까운 것은 아니다.

그러나 우리가 다른 노동 절약 투자 형태들에 관심을 보일 때는, 개미들은 아주 대단한 자본가들이다. 약간의 종들은 아주 대규모로 가축을 기르는 데 종사하고 있다. 그들의 “가축”, 곧 이런 혹은 저런 종류의 진딧물들은 실제적으로 계속적인 관심을 필요로 한다. 개미들이 시간제로 이런 형태의 사업에 착수하는 것은 가능하지 않을 것이며, 그러므로 그것은 전문화와 분업을 필요로 한다. 주로 버섯 재배를 하는 농업 개미들(agricultural ants) 역시 많은 양의 자본이 자기들의 식량 주머니들에 단단히 묶여 있다. 그들은 통상적으로 잎사귀들과 풀을 모아, 이것을 일종의 까는 짚으로 만들어서, 그 위에 버섯을 재배한다. 전 과정은 잘 알려져 있지 않다. 대부분의 이들 개미들은 가위 개미(*Atta*) 속(屬)에 속하는데, 그들은 수백만 마리의 일꾼들이 들어 사는 집들을 특별히 좋아하며, 이것 때문에 그들은 실험실 관찰에 부적합하게 되지만, 분명히 그들은 아주 상당한 분업 없이는 제 역할을 다할 수 없을 것이다.

그러나 대부분의 개미들에게는 그들이 소유한 가장 큰 자본 투자는 분명히 그들의 집이다. 이것은 거대한 양의 노동의 결과이며, 개별 개미의 효율성을 엄청나게 증가시킨다. 예를 들면 집의 지상의 연장으로 생각될 수 있는 개미 도로를 고찰해 보자. 상당한 양의 식량이 어떤 징발 지역에서 집으로 운반되어야 한다고 할 때, 만약 일꾼들의 일부가 다른 개미들을 위하여 곧고 평평하며 방해물이 없는 도로를 마련하는 데 전념한다면, 그 운반 작업은 더 적은 총 일꾼들이 총 에너지 소비를 덜 들이고도 계속할 수 있을 것 같다.

물론 도로를 건설하는 데서의 노동의 지출과 도로 사용을 통한 노동 절약 사이의 균형이 유지되어야 하지만, 개미들은 이것에 대해 어떤 큰 어려움을 가지고 있는 것 같지는 않다. 요컨대 개미집과 개미의 공사 활동들의 다른 결과들은 두 가지 목적을 지닌 건설로 간주될 수 있다. 그것들은 개미를 따뜻하고 안전하고 습기가 없게 유지시켜준다는 의미에서 소비재이지만, 그것들은 또한 개미의 노동의 효율성을 크게 증가시켜준다는 의미에서 엄청나게 큰 자본 장비 부분들이다.

그러나 개미가 사용하고 그것의 창조를 위해 분업을 필요로 하는 다른 형태의 전문화된 "장비"(equipment)가 있다. 개미들 중 가장 덜 전문화된 것에 속하는 우리의 숲 개미들 가운데는, 각각 전문화된 과업을 수행하는 세 가지 별개의 개미 형태들이 있다.

일꾼들, 곧 불임의 암컷들은 어느 모로 보나 가장 흔한데, 일시적인 관찰자가 분가 때를 제외하고 쉽게 볼 수 있는 유일한 개미들이다. 그들은 집 짓기, 식량 수집, 어린 새끼들을 돌보는 것, 집의 내부의 치안을 유지하는 것 등의 모든 일을 계속한다. 그러나 그들은 번식과는 아무런 관계가 없다. 후자의 기능은 집의 총 개체수 중에서 오직 미미한 부분을 구성하고 있을 뿐인 두 전문화된 유형들, 곧 수컷들과 여왕들에게 전적으로 맡겨져 있다. 개미들이 이런 종류의 전문화로부터 얻는 순 이득은 너무 분명하여 더 이상의 논평은 필요하지 않을 것이다.

그러나 이 특정 전문화의 하나의 특별한 측면은 언급되어야겠다. 새로운 숲 개미 공동체들은 두 가지 상이한 방법에 의하여 창조된다. 한 방식에서는, 모든 공동체가 "발아한다"(bud). 즉 그것은 적어도 처음에는 원래의 개미 국가의 일부분이 될 새로운 집을 건설하기 위하여 한 마리 혹은 그 이상의 여왕개미와 함께 일단의 일꾼들을 내 보낸다. 이 절차는 분명히 새로운 집을 시작하는 가장 안전하고 확실한 방법이다. 그러나 그것은 오직 비교적 소수의 종들에 의하여서만 사용되며, 그런 종들에서도, 숲 개미가 그렇듯이, 그것은 두 가지 방법 중 단지 하나일 뿐이다.

두 번째 방식은, 그리고 이것은 대부분의 개미들과 모든 흰개미들이 사용하는 유일한 방법인데,[12] 매우 많은 수의 여왕들과 수컷들을 생산하여, 그들이 적당한 날에 자기들의 집들로부터 멀리 날아가서, 결코 되돌아오지 않는 것으로 구성되어 있다. 여왕은 공중에서 짝짓기 한 후, 땅에 내려와서, 자신의 날개를 떨어뜨리고, 새로운 집을 시작한다.

피상적으로는 이 두 번째의, 그러나 더욱 흔한, 방식은 크게 비효율적이다. 우선, 모든 분가(swarming) 중인 여왕들의 압도적인 다수가 상실된다. 그들은 새로운 군락을 시작할 수 있기 이전이나, 군락이 한 줌을 넘는 구성원들을 가지기 이전에, 죽거나 살해

12. 스나이더(Snyder) 박사는 분명히 날개 달린 여왕들이 없는 약간의 흰개미들이 최근 발견되었다고 나에게 알려주었다. 만약 이 발견이 옳은 것으로 확인된다면, 그리고 흰개미 연구는 매우 불확실한 분야인데, 그러면 이 결론은 수정되어야 할 것이다.

된다. 사실상 이 여왕들은 매우 짧은 기대수명을 지닌다는 면에서 개미 영지에서 거의 특이하다.

기성의 집에서 태어난 개미 일꾼은 2년 혹은 그 이상 사는 것을 기대해도 좋다. 기성의 집에서의 여왕은 당연히 10년은 살지만, 분가에 참여하는 여왕은 아마도 일수로 측정된, 아마 하루보다 더 짧은, 기대수명을 가질 것이다. 기대수명에서의 그러한 극단적 차이는, 종의 가장 중요한 구성원들이 가장 위험한 삶을 사는 것과 함께, 단연 이상하게 여겨진다. 비록 큰 무리의 일꾼 개미들과 소수의 여왕들에 의하여 건설되는 새로운 집이 성공하지 못할지 모른다 하더라도, 일꾼 없이 여왕만이 새로운 군락을 건설하려고 시도하는 경우보다 승산은 훨씬 더 크다.

그 대조는 아마 흰개미들의 경우 더욱 더 강한 것 같다. 이 "어둠 속의 거주자들"(Dwellers in Darkness)은 햇볕이나, 심지어 흰개미집 속의 공기보다 습도가 훨씬 더 낮을지 모르는, 보통의 바깥 공기에의 비교적 짧은 노출에 의해서도 죽을 수 있는 연약한 육체를 지닌 생물들이다. 왕들과 여왕들은 햇볕과 건조한 공기 둘 다를 오랜 기간 견딜 수 있다는 점에서 보통의 흰개미와 근본적으로 다름에 틀림이 없다. 그럼에도 불구하고 거의 모든 흰개미 왕족은, 주기적인 분가에서 하늘을 날아오르도록 풀어놓아지면, 성공적인 집을 건설하기 전에 죽는다.

이 독특한 방식의 집의 번식은 위에서 개설한 단점들을 보충할 진화적인 장점들을 가지고 있음에 틀림없으며, 이 장점들은 아주 분명히 번식자들의 *비행(flight)*으로부터 유래한다. 일단의 일꾼들과 여왕들을 파견함으로써 번식하는 개미집은 개미들이 지표면을 따라서 걸어야만 한다는 사실에 의하여 제한을 받는다. 말하자면 100야드 이내에 적당한 새로운 집터가 없거나, 새로운 지역을 발견하기 위하여 건너야만 하는 어떤 종류의 개울이 있다면, 개미는 현재 지역에 갇히게 될 것이다. 그러나 번식자들의 비행은 수로(水路)들에 의해 방해받지도 않고, 어떤 바람의 조건에 따라서는 10마일 정도까지 확장될지 모른다. 지상 여행으로만 새로운 집들을 건설할 수밖에 없는 종은 대규모 일꾼 무리들의 측에서 보면 자신의 매우 한정된 이동으로 말미암아 분명히 진화적으로 불리하게 될 것이다.

통상적인 분가(分家)의 비행 특성 때문에 개미들과 흰개미들이 그것을 광범위하게 사용하게 된다는 점은 꿀벌들의 집 번식 방식으로부터 약간 확인이 되고 있다. 물론 모든 벌들은 날 수 있고, 한 떼의 일꾼들은 동시에 여왕의 이동성을 철저하게 제한함이 없이 여왕을 동반하는 것이 가능하다. 그 결과 새로운 군락들을 건설하는 유일한 방법으로서 벌들은 성공적인 집으로부터 큰 떼의 일벌들과 한 마리의 여왕을 급파하는 방법을 이용한다. 여왕의 생존을 보장하는 면에서 이것이 갖는 장점은 분명하다. 맬서스적 세계에서는, 성공적인 벌집들의 총 수는 어느 세대에서나 아주 크게 증가할 수는 없지만, 벌들은 해마다 새로운 번식자들을 현저하게 적게 생산하고도 자기들의 종을 유지하는 데 분명

성공하고 있다.

일반적으로 곤충들은 굉장히 많은 자손들을 생산하지만, 그 대부분은 번식 단계에 도달하기 이전에 죽는다. 매년 각 집에 의해 생산되는 수천 마리의 번식자들을 가진 개미들과 흰개미들은 이런 경향의 예들이다. 보통의 일꾼의 긴 기대수명과 평균적인 여왕의 극히 짧은 기대수명 간의 대조는 대다수 곤충들을 특징짓는 현상을 강조함에 다름 아니다. 반면 벌들의 경우 건전한 집은 일 년에 새 여왕들을 오직 소수(보통 10마리 미만)만 생산할 것이다. 이 여왕들은 완전한 새 벌집을 세우기 위하여 살아있는 장비를 가지고 방출되기 때문에, 그들은 비교적 높은 생존율을 가지고 있다.

거의 어떤 동물 혹은 식물 종에 대해서건 조건들은 많이 변할 것이다. 한 집합의 조건들에 대해 완전히 적응하는 것은 약간 다른 집합의 조건들에서는 보통 장애가 될 것이다. 특히 적어도 약간의 다양성을 제공하기 위하여 다른 유전자들을 약간 혼합하는 것이 어떤 특정 여왕(혹은 수컷)의 자손들의 생존에 바람직할 것이다.

그렇게 해서 몇 세대가 지나면 종들은 변화에 적응할 수 있을 것이며, 만약 환경의 변화가 역전된다면 그 때는 거꾸로 적응할 수 있을 것이다. 그러므로 긴 기간에 걸쳐서는 어떤 주어진 환경에 대한 불완전한 유전적인 적응이 더 바람직하다. 그러나 각 세대 동안은 특정 환경에 더 잘 적응할수록 더 좋다. 따라서 각 세대에서의 자연 선택은 완전한 적응 쪽으로 나아가는 반면, 장기간에 걸쳐서 자연 선택이 나아가는 방향은 덜 전문화된 유전자 풀(pool) 쪽이다.

"사회적"이지 않은 개별 곤충에 대하여 이것이 의미하는 것은 유전자들이 생존할 만큼 충분하게 잘 적응하지 못하는 개체들이 소멸됨으로써 종들의 일반적인 유전자 풀의 폭이 제한된다는 점이다. 사회적 곤충의 경우도 이 점 또한 사실이지만, 유전자 풀의 허용된 폭은 훨씬 더 넓은데, 그 이유는 더 잘 적응한 개별 일꾼들이 적응을 잘 못하는 자신들의 자매들을 "동반할" 수 있기 때문이다. 따라서 다른 환경에서 유용할지도 모르는 유전자들이 유전자 풀의 일부분으로서 보존될 수 있다. 이런 특정 형태의 "전문화"는 전통적인 관념들의 "분업"과 조화되지 않는 것처럼 보일지 모르지만, 그것은 확실히 개미에게는 이점이다.

우리의 예였던 숲 개미는 기능적인 전문화를 이것보다 더 확대하지는 않는다. 그러나 다른 개미들은 많은 전문화된 형태들의 일꾼들과 때때로 병정들을 생산한다. 소위 "꿀 개미들"(honey ants)은 개별 일꾼들을 살아있는 저장 단지로 이용해서, 좋은 시절에는 꿀을 가득 채우고, 그리고는 기근의 시기에 이 공급품에 의존한다. 열대지방의 가위 개미(*Atta*)들은 아마 이런 방향으로 가장 멀리 나아간 것일 것이다. 아마 100,000마리 혹은 그 이상의 거주자들이 있는 그들의 커다란 집들 중 하나는 일개미들의 전문화된 "디자인들"(designs)을 아주 많이 가지고 있을지 모른다. 가위 개미들은 버섯 재배에 종사하는데, 그들은 그 주된 임무가 버섯을 돌보고 잡초를 제거하는 것인 “초소형 개미들”(minims)을 생산한다. 이 쪼끄만 전문가들은 그 크기가 가위 개미 여왕들의 크기의 1/1000 미만이다.[13]

정규의 일꾼들은 크기가 다양한데, 일상적인 개미의 임무들에 종사하며, 가장 중요한 임무 중 하나는 그 위에 버섯이 자랄 잎사귀들을 모으는 것이다. 거대한 “병정들”의 계급은 방어적인 임무들뿐만 아니라 거의 감독 기능들도 가진 것 같은데, 이로써 경제가 완성된다. 분명히 이런 형태의 전문화된 발달은 아주 근본적인 분업을 가지고서만 가능할 뿐이다. 똑같이 분명히 그것은 극히 효율적이다.

효율성(efficiency)이란 사실상 개미들에게 적합한 용어이다. 문명화된 개미들(civilized ants)의 거대한 군락들은 대부분의 세계에서 더 소규모의 모든 생활 형태들을 지배하고 있다. 오직 인간들만이 개미들만큼 자신들의 환경을 통제하고, 오직 인간들만이 개미들만큼 약탈 행위로부터 비교적 안전하다. 개미 형태의 생활이 지닌 힘과 안정성에 대한 하나의 징후는 그것을 이용하기 위

13. 크기에서의 이런 근본적인 차이는 어떤 경우들에는 가위 개미 여왕이 그녀의 분가 여행 때 소규모 노동력을 데리고 갈 수 있게 해 준다. 소수의 초소형 개미들은 여왕에게 매달려도 무방한데, 그들의 크기가 작기 때문에, 그녀의 비행에 실질적으로 방해가 되지 않는다. 물론 잠재적인 새 집터에 도착하자마자 그들은 살림살이를 시작하는 데 아주 상당히 유용하다.

하여 발달해 온 전문화된 기생충들의 수에서 보게 될지 모른다. 여기서도 다시 오직 인간들만이 동일한 부류에 속한다.

아마 문명화된 개미 공동체들(civilized ant communities)의 힘은 그들의 방어력으로 아주 잘 나타날 것이다. 군대 개미들(army ants)은 여러 면에서 열대 지방의 고민거리이다. 퓨마, 원숭이, 그리고 인간들 모두 이 탐욕스런 방랑자들의 한 종대가 접근할 때 피해버린다. 그러나 병정들도 오직 한 종류의 동물 생활, 곧 문명화된 개미 공동체들은 피한다. 인간 마을을 똑바로 진군해 들어와 관통하는 전투 개미들의 한 종대도 문명화된 개미 공동체의 전초부대들과 조우하게 되면 즉시 방향을 바꿀 것이다. 개미들도 자기들의 가장 큰 적들이 전문화된 기생충들과 다른 개미들이라는 점에서 인간들과 같다.

■ 참고문헌

Bert Hölldobler와 Edward O. Wilson의 『개미』(*The Ants*) (Belknap Press, Cambridge MA, 1990)는 이 방면의 문헌에서 가장 뛰어나다. 그들은 훌륭한 저자들이며, 일반 독자는 그 책의 대부분에서 도움을 얻을 수 있지만, 약간의 절들은 극히 전문적이다. 나는 독자들이 약간의 부분들은 대충 읽고 넘어갈 것을 권한다.

▌제 5 장 흰개미와 벌

사회적 곤충들 중에서는 흰개미가 내 생각으로 가장 고도로 발달되어 있다. 흰개미와 사회적인 거미들은 대부분의 다른 사회적 곤충들과 밀접하게 관련되어 있지 않다. 사회적인 말벌들, 벌들, 그리고 개미들은 전부 막시류의 구성원들이다. 반면 흰개미들은 더욱 원시적인 집단의 구성원들이며, 바퀴벌레들과 밀접하게 관련되어 있다. 분명히 사회적인 생활 방식은 막시류 곤충들 사이에서보다 흰개미들 사이에서 훨씬 더 오래되었다.

비록 수많은 중간적인 형태들의 말벌들, 벌들, 그리고 개미들이 지금 살고 있고, 이것 때문에 우리가 그들 사이에 사회의 진화적인 발전을 추적할 수 있지만, 흰개미들은 모두 완전하게 발전된 사회들의 구성원들이다.

흰개미들은 이 밖에도 개미들과 다른 근본적인 차이점들을 가지고 있다. 우선, 그들 중 많은 것들은 일정한 원생동물들과 공생하며 산다. 흰개미는 나무를 "먹고," 나무는 원생동물들이 살고 있는 소화기관 속으로 들어간다. 그러면 흰개미 몸무게의 35%나

차지할지 모르는 원생동물들은 나무를 소화하여 흰개미들이 음식으로 사용하는 형태로 만든다. 약간의 흰개미 무리들은 소화기관 속에 원생동물들이 없고, 대신 동일한 기능을 수행하는 공생적인 박테리아들이 존재한다. 대부분의 흰개미들에게는 공생적인 생활 방식이 보통인데, 새로운 집의 건설에는 흰개미 건설자들과 원생동물 혹은 박테리아 건설자들 양측 모두 필요로 한다. 원생동물들은 무겁고, 여왕 부처의 비행 능력에 전혀 도움이 되지 않기 때문에, 비록 해결할 수 없는 문제들은 아니지만, 문제들을 일으킨다.

우리는 여기서 근본적으로 다른 두 종들 사이의 조정(coordination)이라는 중대한 문제가 있다는 점을 보게 될 것이다. 생물체들의 현대적인 분류 아래서는 원생동물들과 흰개미들은 심지어 동일한 계(界)의 구성원들조차 아니다. 또한 대부분의 흰개미들은 단지 한 종만 있는 것이 아니라, 다양한 흰개미 종들이 있다. 뿐만 아니라 원생동물들은 흰개미보다 훨씬 더 짧은 "생애주기"를 가지고 있다. 세포 분열에서 세포 분열까지의 시간은 흰개미의 생애에 비교하면 아주 짧고, 흰개미 군락의 생애에 비교하면 더욱 짧다. 이 모든 것은 집단 선택과 개체 선택 간의 차이라는 문제들을 제기한다.

예를 들어 한 특정 원생동물이 돌연변이를 일으켜, 그 결과 자기가 소화할 수 있는 나무를 더 많이 먹어서, 그것을 더 많은 원생동물들로 전환시키고, 흰개미의 소화기관에 더 적게 방출한다고 가정해 보자. 그 결과 흰개미는 그렇지 않은 경우만큼 영양 공급이 잘 되지 않지만, 원생동물은 보통의 경우보다 훨씬 더 빠르게 증가한다. 아마 꽤 여러 원생동물 "세대들"이 지나면 흰개미가 심각한 곤란들에 처하기 시작할 것이다.

그러나 이것이 이 문제의 완전한 전부는 아니다. 흰개미들은 서로의 배설물을 먹고, 그 결과 원생동물들이 집에서 많이 돌아다니게 된다. 많은 원생동물 세대들이 지나면 우리의 "이기적인" 원생동물과 그 자손들이 집의 효율성에 심각하게 영향을 미치기 시작할 것이다. 말할 것도 없이 궁극적으로는 이것은 아마 원래의 집뿐만 아니라 많은 자녀 집들에게까지 영향을 미칠 것이다. 궁극적으로 이 원생동물과 그것의 모든 자손들은 자신들의 환경의 필수적인 부분인 흰개미들로 하여금 효율성의 상실로 말미암아 죽게 만들 것이다.

아마도 이것이 흰개미들에게 일어난 일일 것인데, 그것은 흔히 일어났을지도 모른다. 그러나 우리는 그것에 관해 확증을 가지고 있지 않다. 이것은 이 특별한 종류의 돌연변이가 억제되는 방식으로 원생동물들이 진화되었다는 점을 암시하는 것 같다. 이것은 필연적으로 거의 집단 선택이다.

우리가 앞에서 집단 선택과 개체 선택 간의 차이에 관하여 언급할 때, 우리는 집단의 생존 가능성을 낮추는 돌연변이를 가진 개체는 장기간에 걸쳐서 사실상 자살을 행하고 있는지도 모른다는 점을 지적했다. 그러나 원생동물들의 경우 "자살"은 미래의 아주 많은 세대들이 지나야 일어날 것이고, 그 특정 돌연변이 원생동물들이 흰개미들이 죽기 전의 기간에 흰개미 소화기관 속에서 생계에 대한 경쟁에서 우월하다는 점이 판명되었을 때에만 일어날 것이다.

반복하면 우리가 알고 있는 한 흰개미들의 소화기관 속에는 이런 종류의 "기생적인" 원생동물들이 없지만, 우리는 그 "우리가 알고 있는 한"이란 것을 크게 강조하지 않으면 안 된다. 만약 이것이 극히 자주 일어나지 않는다면, 우리는 아마도 그것이 일어나고 있다는 점을 발견하지 못할 것이기 때문이다.

개미들과 흰개미들 사이의 또 다른 근본적인 차이는 성(性)에 관한 것이다. 개미집의 모든 일꾼들은 암컷이다. 흰개미 군락에서는 그들은 양성(암컷/수컷)이 대략 똑같이 나누어질 것이다. 흰개미들은 그저 여왕들만 있는 것이 아니라 왕과 여왕으로 이루어진 왕 부처(夫妻)를 가지고 있다. 나아가서, 대부분의 일꾼들은 수컷과 암컷 둘 다 생식력이 없긴 하지만, 위기 상황들에서는 왕과 여왕을 대신할 수 있는 중간 단계들이 존재한다.

이런 "유형(幼形)성숙 번식자들"(neotenic reproductives)은 완전한 암수 유형들보다 훨씬 덜 효율적인 자손 생산자들인데, 한 왕 부처를 대신하는 데 아마 그들 20마리 정도를 필요로 할 것이다. 군락은 사실상 오직 이런 대체 왕 부처들(replacement royalties)만 가지고도 계속 성장할 수 있다. 개미들에게는 유사한 종류들, 곧 소위 가짜 암컷들(pseudo-gynes)의 출현은 집에서 심각한 기생

상태의 징후이며, 통상 집의 붕괴는 시간 문제일 뿐이다.

뿐만 아니라 개미들은, 갑옷을 입은 몸들과 싸움에서 자신들을 보호할 수 있는 상당한 능력을 지닌, 껍질이 딱딱한 동물들이다. 흰개미는 부드러운 육체로 되어 있으며, 오직 매우 면밀하게 통제된 환경 속에서만 살아갈 수 있을 뿐이다.[1] 흰개미들은 때때로 죽은 나무를 찾기 위하여 그들의 터널들을 상당한 거리까지 확장시키긴 하지만, 자기들의 집들의 터널들 속에서만 살 수 있을 뿐이다. 그들은 자기들 집의 내부의 면밀하게 통제된 환경에 의존하는데, 거기에서 공기는 습도 면에서 항상 포화점 근처에 있고, 보통 약 5% 정도의 이산화탄소를 포함하고 있으며, 놀랄 만한 온도 오차 한계 내에 유지된다.

개미는 자기의 시간의 많은 부분을 쉽게 관찰될 수 있는 지표면 위에서 보낸다. 반면 흰개미는 관찰하기 힘든 자기의 터널들 안에 산다. 관찰용 집들의 제작은 실제적인 크기의 한계에도 불구하고 개미에 관하여 우리에게 매우 많은 정보를 제공해 주었는데, 흰개미의 경우 이것은 유일하게 의지할 수 있는 것이다. 불행하게도, 불가피하게 작은 집의 크기가 의미하는 것은 그 속에 들어 있는 흰개미들의 수가 보통 너무 적어서 내부적인 환경을 적정 수준에서 유지할 수 없다는 점이다.[2] 그 결과, 실험 집들은 소

1. 어떤 열대 흰개미들은 잠시 동안 자기들의 집들 바깥에서 살 수 있는 능력이 발달되었다. 그들은 착색되어 있으며, 그들의 몸들은 어떤 외부 갑옷을 두르고 있다. 그들은 심지어 초보적인 눈들을 지니고 있다. 요컨대 그들은 보통의 흰개미와 아주 다르다.

멸하는 경향이 강하다. 요컨대, 비록 흰개미의 경제적인 중요성이 아주 커서 그들이 아마 개미들보다 더 많이 연구될 것이지만, 우리는 그들의 생활에 관하여 개미보다 덜 알고 있다.

부분적으로 이런 상대적인 무지는 또한 개미 연구자들이 아마 순수과학을 위한 최선의 배경일 단순한 호기심에 보통 자극받아 연구한다는 단순한 사실로부터도 생겨난다. 반면 흰개미들의 연구자들은 거의 보편적으로 어떻게 하면 그것들을 가장 효율적으로 죽일 것인가 하는 매우 실질적인 문제에 관심을 가진다. 이것으로 말미암아 연구는 다소 다른 길들을 가게 된다.

그 두 분야에서의 연구자들의 서로 다른 감정적인 어조는 주목할 만하다. 개미 전문가들은 보통 개미들을 좋아하고, 어떤 의미에서 개미들을 존경한다. 흰개미 전문가들은, 비록 그들이 흰개미 성취들에 대하여 상당한 경의를 느낄지 모르지만, 통상적으로 흰개미들에 대하여 감정적으로 중립적이거나 반감을 가진다.[3] 감정적인 어조에서의 이런 차이의 예를 들어보자. 흰개미들과 개미들 양측 다 자기들의 집들에서 특수한 기생충들을 부양하는데, 이런 기생충들은 보통 특별히 매력적인 육체 분비물들을 발산함

2. 모든 자연적인 흰개미집들은 그저 왕 부처(royal pair)로서 출발한 다음 점차 성장하므로, 작은 집들을 가지고 한 실험실 경험은 자연적인 사망률이 초기 단계들에서 엄청나게 큼에 틀림없다는 점을 보여줄 것이다.
3. 이상의 언명들은 나의 개인적인 관찰로부터 온 것이다. 이 책을 준비하는 도중에, 나는 많은 개미 전문가들 및 흰개미 전문가들과 대화를 나누었는데, 자기들의 연구 대상에 대한 그들의 감정적인 태도에서의 차이는 아주 뚜렷하였다.

으로써 스스로는 아무런 일도 하지 않는데도 자기들의 숙주들이 자기들을 먹이고 보살펴주도록 만드는 데 성공한다. 개미 전문가들은 이런 현상을 논의할 때 아주 감정적으로 되는 경향이 있어서, “전복”(subversion)이라는 말을 사용하며, 음식이 개미들 자신들에게 돌아가야 하는데 기생충들이 자기들을 부양하도록 개미들을 “속인다”는 말을 사용한다. 반면 흰개미 전문가들은 그 문제를 아주 냉정하게 취급하여, 기생충들은 흰개미들이 가치를 두는 “육체 분비물들”과 같은 어떤 것을 가지고 있고, 그래서 이것은 공정한 교환이라고 지적한다. 분명히, 주된 차이는 관찰자 측에서의 상이한 감정적인 견해에 놓여 있는 것이지, 기생충들의 성질의 차이에 놓여 있는 것이 아니다.

그러나 이유와는 상관없이 우리는 흰개미에 관하여 개미보다 분명 상당히 더 적게 알고 있다. 우리가 분명 가지고 있는 지식이 보여주는 것은 그 둘이 가장 기본적인 수준에서의 그들의 사회적인 조직을 제외하고는 모든 면에서 근본적으로 다르다는 점이다.

흰개미집의 내부 환경은 대단히 면밀하게 통제되어야 한다는 것이 하나의 예이다. 아프리카의 거대한 흰개미무덤들은, 비록 통상 낮에는 태양에 완전히 노출되고 흔히 밤들이 매우 추운 건조한 지역들에 위치해 있지만, 보여주는 내부 온도 변동은 1도보다 작다. 우기의 폭우들과 건기의 긴 건조 기간 내내, 내부 습도는 거의 일정하게 유지된다.

이들 집들에서 사용되는 통제의 방식은 비록 완전히 이해되지는 않을지라도 대부분의 다른 흰개미들의 통제 방식보다 더 잘 이해되고 있어서, 한 예로서 이용할 수 있다. 그 집의 토대는 내부 핵(internal core)이다. 이것은 거의 시멘트만큼 단단한 두꺼운 보호 덮개로 둘러싸여 있다. 이 덮개는 방산(放散) 바람개비들(diffusion vanes) 역할을 하는 다소 보기 흉하게 생긴 중배들(bulges)로 배열되어 있어서, 집의 외부 영역을 증가시킨다. 중앙 핵은 흰개미들이 자기들의 활동의 대부분을 계속하는 장소인데, 열, 습도, 그리고 이산화탄소 생산의 중심지이다.

열 생산 때문에 중심 부분을 통해 계속적인 공기의 상승이 있고, 공기가 차가워짐에 따라 공기가 바람개비들의 외부 표면 근처에 있는 수직 통로들을 통하여 아래의 방으로 도로 내려온다. 집의 외부 표면 바로 아래 건설되어 있는 환류 터널들(return tunnels)을 통해 공기의 흐름을 조정함으로써 온도와 습도의 통제는 매우 간단히 관리된다.

이 터널들을 통과하는 공기는 방열(放熱)에 의하여 외부 환경에 열을 방출하거나 흡수하며, 터널들의 얇은 벽들을 통한 발산에 의하여 이산화탄소를 내 보내고 산소를 흡수한다. 수증기 흐름의 방향도 또한 조건들에 따라 변한다. 분명히 여러 수직 터널들의 위 끝들을 그저 열고 닫음으로써 전체 체계가 관리되며, 흰개미들의 소규모 작업조(作業組)가 이 작업을 하는 데 계속 종사하고 있다. 그들의 효율성은 놀랄 만한데, 물론 만약 외부 환경이 장시간 통상적인 내부 온도보다 더 덥다면, 그들은 집의 온도를 낮출 수는 없을 것이다.

그러나 이것은 모든 동물 열 통제 체제들의 특징이다. 그것들은 내부 온도가 특성상 외부 환경의 온도보다 더 높기 때문에 작동하는 것일 뿐이다. 우리는 충분한 내부 열을 발생시켜 아주 무더운 날을 제외한 모든 날들에 우리의 몸들을 바깥 온도보다 상당히 더 따뜻하게 유지한다. 인간들과 같은 고등 동물 유형들은[4] 자신들의 내부 온도들보다 더 높은 외부 온도들에 자기들이 견디는 것이 가능하도록 증발 냉각 방법을 분명 가지고 있지만, 동물계를 통틀어 이런 기제들은 추위로부터 보호하기 위한 장치들보다는 훨씬 덜 발달되어 있다.

흰개미집의 내부 환경의 면밀한 통제라든가, 흰개미들은 결코 집을 떠나지 않고 식량을 찾아 집을 확장시켜서 마치 그것이 "성장하는" 것처럼 보인다는 사실, 그리고 개별 흰개미가 자기의 집 외부에서는 살아남을 수 없다는 것 등으로부터 어떤 연구자들은 기본적인 유기체는 개별 흰개미라기보다 사실상 흰개미 군락이라고 말하게 되었다.

이 견해에 따르면 흰개미 개체는 흰개미 군락에서 마치 세포가 몸에서 수행하는 역할과 다소 동일한 역할을 수행한다. 흰개미 생활을 조금만이라도 진지하게 고찰해보면, 개별 흰개미는 대부분의 다른 "개별" 동물들보다 훨씬 덜 독립적인 생활을 한다는

4. 벌들도 증발 냉각 방법을 사용하는데, 더운 날 온도를 낮추기 위하여 물을 집으로 가져와서 그 위의 공기를 부채질한다.

결론을 얻게 되며, 그래서 적절한 "유기체"(organism)가 무엇인가에 관한 질문들이 제기된다. 이 전체 질문은 차후의 장에서 논의될 예정이기 때문에, 여기서는 그것을 미결인 채 남겨둘 수 있다.

흰개미들과 개미들 사이의 차이점들로 되돌아 가면, 흰개미 전문가들의 관점으로부터 가장 불편한 것들 중의 하나는, 흰개미는 탈피(molting)로 성장하지만, 대부분의 개미들은 애벌레 단계에 머무르다가, 번데기가 될 채비를 갖추고, 그 다음 번데기 껍질로부터 제 몫을 하는 성충으로 태어날 것이라는 사실이다. 반대로 흰개미는 알로부터 비록 작지만 완전한 흰개미로 태어나서, 두 번의 탈피 후, 집의 관리에서 자신의 작은 역할을 담당하기 시작할 것이다. 그 다음 흰개미는 바퀴벌레들과 같은 방식으로 일련의 탈피들에[5] 의하여 성장하는데, 각 탈피의 단계에서 흰개미는 오래된 껍질은 벗어버리고 약간 더 큰, 그리고 대부분의 경우 옛날의 자기 자신에서 약간 변형된 모습으로 태어난다.

당연히 집단의 태반을 차지하는 흰개미의 미성숙 단계들이 집의 경제에서 차지하는 중요성은 약간의 가장 원시적인 흰개미들의 경우에 아주 분명하게 설명된다. 이런 상대적으로 후진적인 곤충들에서는 최종적이고 완전하게 성숙한 단계는 집을 방어하

5. 두 탈피 사이의 기간은 흰개미 전문가들에 의하여 "齡"(instar)이라고 불리고 있지만, 나는 보통의 용법에 따라 그것을 "段階"(stage)라고 부르고자 한다.

는 일을 할 수는 있지만 어떤 다른 일도 할 수 없고 심지어 스스로 먹지도 못하는 병정이다. 이런 "어른" 흰개미들을 돌보고 먹여주는 것은 이들 원시적인 종들에서는 어떤 종류의 경제 활동에건 종사할 수 있는 유일한 흰개미들인 "미성숙" 흰개미들이다. 미성숙한 개체들에 대한 이런 극단적인 의존을 더욱 진보된 종들은 포기해버렸지만, 그 원시적 흰개미들의 "자녀들"은 모든 집들의 경제에서 중요한 역할을 수행한다.

이 모든 것이 흰개미 전문가들에게 상당한 어려움을 야기한다. 흰개미들은 아주 광범위한 계급 전문화(caste specialization)를 하는 것이 그 특징이며, 아마 개미들보다 더 그럴 것이다. 흔히 집에서 발견되는 특정 형태의 흰개미가 사실상 다른 계급인지, 혹은 단순히 같은 계급의 성장 과정에서의 한 단계인지를 결정하는 문제는 어려운 문제이다. 이것은 흰개미들이 특성상 각 탈피 때마다 어느 정도 모양을 바꾸고, 어떤 경우들은 그 변화가 아주 근본적일지 모르기 때문에 특히 그렇다.

따라서 흰개미들에 관한 문헌은 연구자가 어떤 종의 흰개미의 형태들을 분류했으나 나중에 추가적인 연구에 의하여 바로 고쳐진 사례들로 가득 차 있는데, 이것은 단계를 계급으로 오해했다는 것을 나타낸다. 이런 종류의 오해는 피해야 하지만, 이것은 무능의 표시는 아니다. 그 문제는 어려운데, 흰개미들이 한 단계에서 매우 긴 기간을 보낼지 모르며, 설사 동일한 종과 집의 구성원들일지라도 상이한 계급들은 상이한 수의 탈피들을 할지 모른다는 사실에 의해서 그 문제가 더 쉬워지지도 않는다.

흰개미들과 개미들 사이의 이런 근본적인 차이점들에도 불구하고, 그들은 매우 유사한 사회적 체계들을 가지고 있다. 이 점은 아마 보통 이들에게 붙여지는 "흰개미"(white ants)라는 이름으로 알 수 있을 것이다.

곤충들로서 가능한 거의 최대한으로 관계가 먼, 아주 근본적으로 다른 두 곤충들이 아주 유사한 사회 조직을 발달시켜 왔다는 사실은 그 사회 질서가 가지는 이점을 예증한다. 전문화와 분업, 자본 투자, 그리고 농업으로부터 이익을 누릴 수 있는 것은 인간만이 아니다. 말라죽은 나무의 소비자들을 위한 진화적인 적소는 그다지 넓은 것 같지는 않다. 이런 협소한 적소에 건설되어 온 거대한 사회적 조직들은 사회적 생활 방식의 효율성에 관한 극적인 실례이다.

개미들과 흰개미들 외에도, 개미들과 밀접한 관계가 있는 벌들과 말벌들도 때때로 사회 생활을 한다. 이들 대부분의 경우 그 사회는 문명화된 개미들이나 고등 흰개미들의 사회보다 훨씬 더 원시적이다. 그러나 꿀벌들은, 비록 그들의 집들이 가진 것은 7-8만 개체들을 거의 넘지 않을지라도, 그들의 지상생(地上生)의 자매들의 것과 비교할 만한 사회적 질서를 가지고 있다.

우리는 꿀벌들의 생활에 관하여 어떤 다른 사회적 곤충들에 관해서 아는 것보다 더 많이 알고 있다. 이것은 부분적으로 사람들이 양봉을 통하여 오랫동안 꿀벌들과 밀접하게 관계를 유지해 왔기 때문이고, 또한 꿀벌들이 쉽게 관찰되기 때문이기도 하다. 우선, 그들은 개미들과 흰개미들보다 훨씬 더 큰데, 이것은 연구자들에게 매우 편리하다. 둘째로, 꿀벌집은 엄격하게 기하학적인 직선들에 따라 설계되어 있어서, 그 결과 내부에서 무슨 일이 일어나고 있는가를 관찰하는 것이 개미무덤의 곡선으로 이루진 통로들 안에서보다 훨씬 더 쉽다.

사실상, 곤충학자가 연구하고 싶은 구체적인 활동 형태를 잘 관찰할 수 있도록, 벌들이 벌집을 지을, 유리벽으로 된 벌집 상자를 설계하는 것이 아주 가능하다.[6] 여왕과 그녀를 동반하는 한 떼의 일꾼들이 그러한 상자에 넣어지게 되면 매우 빨리 완전한 생산에 도달할 것이기 때문에, 이것은 실험적인 접근이 비교적 쉽다는 것을 의미한다.

유럽인들이 아메리카 대륙들에 정착하면서 다른 종류들의 길들여진(domestic) 동물들[가축들][7]뿐만 아니라 벌들도 유입되었고, 이 유입된 벌들은 열대 지역을 제외하고는 벌꿀원으로서 대개 침 없는 벌들(stingless bees)을 대체하여 왔다. 열대 지역에서 침 없는 벌들로 양봉을 계속하는 것은 유럽에서 유입된 벌들이

---

6. 남미의 침 없는 벌들은 자기들의 집 내부를 그런 기하학적으로 규칙적인 방식으로 배열하지 않기 때문에 연구하기가 더 어렵다.

7. "길들여진"(domestic)이란 용어는 벌들에게는 다소 잘못된 이름이다. 비록 그들이 자기들의 집들을 양봉업자에게 편리한 위치들에 짓도록 권유받아 왔지만, 그들은 실은 말하자면 소와 양과 같은 방식으로 길들어져 있지는 않다. 양봉업자들을 위한 보호복의 필요성이 이 사실을 예증하고 있다.

본질적으로 온대 지역들에 잘 적응하는 양봉 꿀벌(*Apis mellifera*)이라는 사실을 반영하고 있을 가능성이 아주 높다.[8]

설사 우리가 아피스(*Apis*) 속(屬)의 단지 네 종만 고려한다 하더라도, 그들 중 두 가지, 인디카(*indica*)와 멜리페라(*mellifera*)는 더욱 고도로 발달되어 있고, 모든 벌 군락들의 압도적인 다수를 차지하고 있다. 다른 두 종들은 인도에서만 발견되고, 그들의 사회 조직은 훨씬 더 원시적이며, 경제적 중요성도 거의 없다. 두 종들이 한 종은 열대 지방에 적합하고 다른 종은 온대 지대에 적합한데, 인간 식민주의자들에 의하여 그것들이 옮겨진 지역들은 말할 것도 없고, 전 유라시아 대륙을 지배한다는 사실은 매우 주목할 만하다.

아마 전문화된 형태들을 이와 같이 발전시키지 못한 것은 벌들과 꽃들 사이의 상호 호혜적인 관계 탓으로 돌릴 수 있을 것이다. 벌들은 분명히 꽃들로부터 꿀과 꽃가루를 채집하도록 진화적으로 선택되어 있고, 꽃들도 또한 분명히 꽃가루를 이 꽃에서 저 꽃으로 전달하는 벌들을 유혹하도록 진화적으로 설계되어 있다. 따라서 개별 벌들이 보통 어떤 주어진 시점에 한 형태의 꽃에 "전문화"할 것이라는 사실은 꽃과 벌 모두에게 중요하다.

그럼에도 불구하고 벌들은 가능한 가장 넓은 범위의 꽃들로부터 꿀을 얻을 수 있다는 점으로부터 이득을 얻으며, 꽃들은 전체

8. 현재 뉴스에 그렇게 많이 등장하는 "아프리카" 벌들은 그저 보통 꿀벌의 다른 변종일 뿐이다.

벌 집단의 가능한 한 큰 비율을 끌어들임으로써 이득을 얻는다. 비록 자기들의 꽃가루를 몇 안 되는 곤충들만 운반할 수 있도록 전문화해 온 꽃들이 있고, 역의 전문화를 해 온 곤충들도 있지만, 벌들과 그들의 꽃 파트너들은 훨씬 더 보편적으로 퍼져 있다.

벌들은 자연에 존재하는 더욱 주목할 만한 진화적인 전문화들의 하나에 관한 그저 단일의 예일 뿐이다. 대단히 많은 곤충들은 식물들로부터의 꿀이나 꽃가루에 의존하고, 동시에 식물들은 수분 작용을 위하여 이런 곤충들에게 의존한다.[9] 다시 한 번 말하자면, 근본적으로 다른 생물계들로부터의 생명체들이 협동적인 활동에 종사한다. 이런 공동 발전이 어떻게 진화했는지는 알기가 쉽지 않다.

인간 생활에서는 이런 종류의 일이 발전될 수 있는 많은 사례들이 있다. 컬러텔레비전을 가지기 위해서는 그것을 방송하는 사람들과 컬러텔레비전 수상기들을 구입하는 근본적으로 다른 사람들 양측 모두 필요하였다. 정말 RCA는 여러 해 동안 사람들이 RCA 컬러텔레비전 수상기들을 구입할 것이라고 기대하여 프로그램들을 컬러로 방송하였지만, 엄청난 금액의 돈을 잃었다. 사람들이 결국 컬러텔레비전 수상기들을 구입하기 시작했을 때는, 애석하게도 그것들은 주로 RCA 것이 아니었다.

이런 종류의 또 다른 사례들이 있다. 자동차 배기가스는 가장

9. 새들과 박쥐들도 수분에 종사할지 모른다. 나의 정원에 있는 아름다운, 밤에 피는 흰털 선인장(cereus)은 박쥐에 의하여 수분된다.

흔하고 중요한 단일의 대기 오염원이다. 이것은 연료로서 가솔린 대신 천연가스를 사용하는 간단한 방편에 의하여 급격하게 줄이거나, 정말 거의 제거할 수 있을 것이다. 그런데 그렇게 하는 데는, 비록 기존 자동차들을 사실상 대체할 필요는 없다 하더라도, 그것들의 아주 근본적인 개조가 필요할 것이다. 그 비용은 현재 상황에서는 자동차 한 대 당 1,000달러를 족히 넘을 것이다. 대량 생산은 그 비용을 절감시킬지 모르며, 물론 만약 새 차들이 천연가스용으로 설계되면 그것 역시 비용 절감에 매우 도움이 될 것이다. 마침 천연가스가 가솔린보다 더 쌀 것인데, 물론 만약 미국의 모든 자동차들이 천연가스로 달리고 있다면, 천연가스가 더 비싸질지는 모르겠다.

여기서 문제는 천연가스를 파는 주유소들이 거의 없고, 그래서 천연가스 엔진을 갖춘 자동차를 구입한 사람은 어려움을 겪게 될 것이라는 점이다.[10] 반면 만약 당신이 천연가스 설비를 당신의 주유소에 설치하기로 결정한다면, 당신은 자동차들이 천연가스를 넣을 준비가 거의 별로 되어 있지 않음을 발견할 것이다. 만약 우리가 여하튼 그 전환을 전국적으로 일시에 할 수 있다면, 그것은 더 쉬울 것이다.

물론 이것은 우리가 결국 그런 전환을 하지 않을 것이라는 점을 증명하는 것은 아니다. 컬러텔레비전은 분명 등장하였다. 사실상 지금 천연가스 연료 자동차를 향하여 조금씩 천천히 움직이

---

10. 두 가지 연료로 달리는 엔진이 가능하지만, 다소 더 비싸다.

고 있다. 내가 이것을 거론한 주된 이유는 곤충들과 꽃들의 경우 우리가 인지하게 되는 곤란들을 지적하기 위해서이다. 꿀벌은 아주 일반주의자(generalist)이며, 그 꿀벌에게 꿀과 꽃가루를 제공하는 꽃들은 통상 다른 곤충들에게도 환영받는다.

그러나 어떤 극히 전문화된 경우들이 존재한다. 다윈(Darwin)은 난초 전문가였고, 1863년에 그는 어떤 난초를 관찰하고서 5인치나 뻗칠 수 있는 혀를 가진 특별한 종류의 나방, 즉 필연적으로 상당히 큰 나방이 있을 것이라고 예측했는데, 그 이유는 그것이야말로 이 특정 꽃이 자신의 화밀을 그 곤충이 나르는 꽃가루와 교환할 수 있는 유일한 방법이었기 때문이다. 그 꽃의 관점에서는 특정 유형의 꽃에 대하여 좁게 전문화된 곤충이 있는 것이 물론 더욱 효율적이라는 점이 언급되어야겠다. 그 곤충은 호박벌이 꽃가루를 딴 직후 찾아가는 전적으로 다른 종들의 꽃들에다 자신의 꽃가루를 낭비하지 않는다.

다윈이 예측한 나방은 실제로 40년 뒤에 발견되었지만, 그 이야기는 한층 더 복잡해졌다. 그 이야기가 복잡해졌다는 것을 내가 아는 단 하나의 이유는 최근에 7인치 길이의 혀를 필요로 하는 난초가 발견되었다는 점인데, 그런 종류의 혀를 사용할 수 있는 나방이 마다가스카르(Madagascar)의 어딘가 틀림없이 존재한다는 예측과 보도가 「뉴욕타임스」(*New York Times*)에 의하여 이루어졌다.

다시 한 번 말하자면, 우리는 상당히 진화처럼 보이는 어떤 것을 가지고 있다. 예를 들면 자기가 꽃들에서 만나는 모든 꽃가루를 간직하여 자기가 만나는 다음 꽃의 수정에 그것을 조금도 낭비함이 없이 자기의 집으로 되가져 올 수 있는 벌의 변종은 아마 여러 세대 동안 번창할 것이다. 그러나 종국적으로, 만약 그것이 지배적인 형태의 벌이 되고 모든 다른 수분 곤충들이 여하튼 제거된다면, 그것은 꽃들에 대해 관대한 방식으로 행동하지 못해서 소멸될지 모른다. 이 특별한 경우 나는 벌이 일정한 양의 꽃가루를 우연히 한 식물에서 다른 식물로 전달하는 일이 없도록 재설계될 수 있으리라고는 생각하지 않는다. 그렇지만 적어도 이론적으로는 이 두 근본적으로 다른 종들 간에 조정이 실패할지도 모른다.

모든 벌들은 날 수 있으므로 일꾼들은 새로운 가정을 세우는 여왕을 동행할 수 있고, 그래서 벌들은 여왕의 기능적인 전문화를 개미들과 흰개미들보다 더 멀리 진행할 수 있었다. 개미들의 경우는 여왕은 일꾼들로부터 지원이 없거나 별로 없어도 새로운 집을 건설하고 그것을 상당한 기간 꾸려나갈 수 있는 만능의 개체가 되어야 한다. 그러나 벌의 여왕은 그럴 필요성이 없으며, 따라서 개미나 흰개미 여왕이 할 수 있는 것보다 더 순수한 알 낳는 기계가 될 수 있다. 벌의 여왕들은 일꾼들보다 해부학적으로 덜 발달된 두뇌들을 가지고 있으며, 그들의 감각 기관들 역시 일꾼들의 그것들보다 그 수가 더 적고 덜 효율적이다.

이러한 사실 때문에 여왕들이 사실상 자기들의 꿀벌통들을

"지배한다"(rule)는 신화는 아주 철저하게 폐기된다. 물론 그들은 꿀벌통의 극히 중요한 구성원들이지만—너무 중요해서 그들의 제거는 즉각 꿀벌통을 양봉가들이 "여왕 부재"로서 인식하는 긴장의 단계에 돌입하게 하지만—, 일꾼들이 할 수 있는 단순한 결정들조차 할 두뇌가 없다. 사실상 일꾼들은 필요하다면 새로운 여왕들을 신속하게 생산할 것이다. 어떤 암컷 애벌레도 이틀 미만의 나이면 그녀의 봉방(蜂房)을 확대하고 그녀에게 특별한 음식을 제공함으로써 여왕으로 만들 수 있다. 이것은 매우 쉽다.

개미와 흰개미의 일꾼들은 곤충들로서는 상당히 오래 산다. 여왕벌 역시 수년을 살지 모르지만, 일벌들은 통상 여름 달들 동안 너무 일해서 몇 주 지나면 죽는다. 가을에 부화된 일벌들은, 부분적으로는 겨울 달 동안 비교적 활동하지 않기 때문에, 또 부분적으로는 일정한 선(腺)[샘]의 변화들 때문에, 보통 겨울 내내 산다. 물론 그들은 봄(벌집 속의 생활은 온 겨울 동안 훨씬 감소된 비율로 일어난다)과 여름 동안에 낳은 무리의 아주 적은 부분일 뿐이다. 아마 이런 상대적으로 짧은 수명 때문에 벌들이 경제 활동들의 연령 계급화(age grading)에 종사할 것이다.

새롭게 부화된 벌은 "가사" 업무들에 전문화하고, 그것들의 정규적인 진행을 거친 다음, 결국 일정 정도 성숙하게 되면, 벌집을 위해 화밀, 꽃가루, 및 밀랍을 채집하는 데 관심을 가진 "식량 징발" 벌이 될 것이다. 그러나 이런 정규적인 진행은 하나의 경향이지 엄격한 규칙이 아니라는 점이 강조되어야 한다. 개별 벌들은 단계를 뛰어 넘을지도 모르고, 상이한 벌들은 상이한 단계에서 상이한 양들의 시간을 사용하며, 상이한 경제 활동들에 대한 "요구"의 변화들에 적응함으로써 정규적인 일과에 변화들이 생긴다.

예를 들면 벌 전문가들은 어떤 일정 연령의 모든 벌들을 집으로부터 제거해도 괜찮다. 일반적으로 남아 있는 벌들은, 설사 집단의 연령 구성은 이전과 근본적으로 다르다 할지라도, 각 활동에 종사하는 벌들의 상대적인 수가 이전과 거의 같아지도록 재빨리 필요한 조정들을 한다. 만약 가장 늙은 벌들을 제외한 모든 벌들이 제거된다면 이것은 그렇게 되지 않을 가능성도 있다. 아마 필요한 신축성은 대개 젊은 벌들에 한정될 것이다. 그러나 더 나이 많은 벌들을 정확하게 연령 계급화하는 것의 어려움은 지금까지 그 실험이 이루어지지 못하도록 막아 왔다.

꿀벌들을 제외하면 벌에서 나머지 사회적 곤충들은 대개 하등이면서 진화의 정도가 높지 않은 사회들의 구성원들이다. 호박벌들과 많은 종류의 말벌들은 꿀벌들보다 더 단순한 집들을 짓고, 보통 더 작은 군락들을 유지하며, 그리고 해를 이어 자기들의 군락들을 유지할 수도 없다. 모든 이런 종들에서는 틈 속에 숨어 있는 소수의 여왕들이 겨울을 살아 남는 전부이고, 새로운 군락들은 해마다 처음부터 건설되어야 한다. 이런 상대적으로 원시적인 사회들은 곤충 사회의 진화사(進化史)에 관심이 있는 전문가들에게는 크게 흥미가 있겠지만, 우리는 별로 흥미가 없다.

■ 참고문헌

불행하게도 나는 지금까지 이 두 종들에 관하여 쉽게 읽을 수 있는 저작들을 발견할 수 없었다. 오래 전 노벨 문학상 수상자가 『흰개미의 생활』(*The Life of the White Ant*)을 저술하였다. 그것은 분명히 유진 마레(Eugene Marais)의 『흰개미의 영혼』(*The Soul of the White Ant*)으로부터 따 온 것이다. 비록 그 이후 많은 진전이 이루어졌지만, 그것들은 여전히 일반 독자에게 도움이 될 것 같다.

제 6 장 두더지쥐, 해면동물, 그리고 변형균

연구 분야로서 생물학의 두드러진 특징들 중 하나는 상이한 종들과 유형들의 엄청난 수이다. 이것은 너무나 엄청난 수여서 두더지쥐들은 윌슨(Wilson)의 기념비적인 『사회생물학』(*Sociobiology*)의 색인에조차 들어 있지 않다. 두더지쥐는 19세기로 훨씬 거슬러 올라가 아프리카 설치류들의 목록들에 나타나 있었고, 그것의 사회적 성질은 적어도 약간의 생물학자들에게는 분명히 알려져 있었다. 그것은 또한 진흙 길들의 한가운데에서 (뒤에 설명될) "화산 분출 활동"(volcanoing)에 종사하는 습성 때문에 그 지역의 상당히 눈에 잘 띄는 동물이었다. 그럼에도 불구하고 매우 최근까지 두더지쥐는 동물 사회들의 연구에 종사하는 사람들이 거의 전적으로 알지 못했다.

지난 10년 동안 이 모든 것은 역전되어서 그것은 아주 인기가 있는 동물로 변하였다. 대부분의 독자들은 아마 TV에서 이 못생긴 작은 설치류를 보았을 것이며, 대단히 많은 연구가 그것에 관하여 행하여져 왔다. 이 연구는 계속되고 있으며, 독자가 이 글들을 읽을 때쯤이면 우리의 지식은 내가 이 글들을 쓰고 있는 이 때보다 아마 훨씬 더 많아질 것이다.[1] 만약 독자들이 호기심이 생기면, 그들은 자기 자신의 연구를 약간 행하고 가장 최근의 자료를 조사하도록 시도해 보는 것이 좋다.

그러면 두더지쥐(mole rat)란 무엇인가? 이 작은 설치류 동물은 아프리카가 원산이며 아마 그 구성원이 300 내지 400마리에 이를 사회들의 지하 동굴 체제들에 살고 있다. 한 마리의 임신할 수 있는 암컷과 암컷에게 수태를 시키는 일에 종사하는 2 내지 3마리의 수컷들, 그리고 암, 수 양성의 대단히 많은 일꾼들이 있다. 생물학자들은 번식이 이렇게 고도로 전문화되어 있는 사회들에 대해 "진사회적"(eusocial)이라는 단어를 주조하였다. 그들은 개미, 흰개미 등을 생각하고 있었는데, 진사회적(眞社會的)인 포유동물을 발견하고서 크게 놀랐다.

두더지쥐가 흥미있는 종이라는 발견과 함께, 그것은 역시 아프리카에 살고 있는 많은 친척들을 가지고 있다는 점도 발견되었다. 이것들은 비록 두더지쥐만큼 완전히 사회적이지는 않지만, 그럼에도 불구하고 이리 떼나 비비 종족보다는 더 사회적이다. 이런 종류의 설치류들이 지상의 다른 부분에서 더 많이 발견될 가능성이 전혀 없지 않다. 정말 이 특별한 사회적 설치류를 매우

1. 나는 Paul W. Sherman, Jernnifer U. M. Jarvis, 및 Richard D. Alexander에 의하여 편집된 *The Biology of the Naked Mole Rat*, Princeton, NJ: Princeton University Press, 1991에 주로 의존했다.

오랫동안 알지 못했다는 사실을 인정한다면, 전적으로 다른 종이 극히 사회적인 것으로 발견될 가망이 결코 없는 것이 아니다.

두더지쥐를 이해하기 위해서는 우리는 그것의 적소를 논의하는 것으로부터 시작해야 한다. 그것이 발견되기 전에 순수 이론가는, 만약 어떤 사회적 포유동물들이 존재한다면, 그들은 보호장치가 되어 있는 터널들의 체계에서 생활해야 할 것이고, 지하에서 얻을 수 있는 어떤 식량을 먹을 것이라고 생각했다. 두더지쥐는 이런 구체적인 조건들을 충족시키고 있으며, 그것은 예측이 꽤 훌륭하게 이루어진 예인데, 그 예측을 한 알렉산더(Alexander)가 그런 종들이 있으리라고 정말로 생각하지는 않은 것이 분명했다는 사실을 제외하면 그렇다.

두더지쥐는 간헐적인 강우(降雨)가 있는 지역들에서 번성한다. 이런 지역들에서는 식물들은 자기들의 뿌리들에다가 덩이줄기들의 형태로 에너지를 저장시킨다. 이 덩이줄기들은 두더지쥐의 식량원(源)인데, 두더지쥐는 덩이줄기까지 터널들을 파서, 그것의 조각들을 떼어내어, 일부분은 먹고 일부분은 집의 여왕이나 어린 식구들에게 공급한다. 터널 체계들은 직선으로 1㎞ 혹은 그 이상까지 다다를지 모른다. 어떤 분명치 않은 이유로 그것들은 진흙길들을 따라서 뻗어 있는 경향이 있다(혹은 적어도 지금까지 발견된 것들은 그런 경향이 있다).

그런 터널들의 건설은 제거되어야 할 대단히 많은 흙이 존재한다는 것을 의미하며, 흙이 제거되는 방식은 두더지쥐의 가장 눈에 잘 띄는 활동, 곧 화산 분출 활동이다. 두더지쥐들은 지표면으로 올라가는 구멍 근처까지 진흙을 밀어낼 것이고, 그 다음 그들 중 하나가 구멍에 등을 기대고 서서 구멍 밖으로 흙을 차 올린다. 적어도 내가 본 적이 있는 사진들에 의하면 이것의 모습은 원추 모양의 "산"을 가지고 있으면서 종종 꽤 오랫동안 흙이 그 꼭대기에서 분출하는 작은 화산과 상당히 닮았다.

분명히 이것이 최근까지 주의를 끌지 못한 이유는 그저 어떤 특정 설치류 동물이 구멍을 파고 있고 흙을 바깥으로 던지고 있다고 생각되었기 때문이었다. 그 활동이 장시간에 걸쳐 계속된다는 점을 알아차리지 못했고, 터널 체계가 광대해야 한다는 점 역시 마찬가지였다.

터널들은 대략 간선 도로와 지선 도로라는 두 범주로 나뉜다. 간선 도로들은 두더지쥐들이 때때로 서로의 등 위를 기어서 통과할 수 있을 만큼 충분히 넓은데, 분명히 그들이 회전하는 것을 쉽게 하기 위해 짧은 분기점 터널들이 갖추어져 있다. 두더지쥐들은 장님에 가까운데, 그들은 아마 자기들의 상당히 긴 꼬리들의 위치를 감지함으로써 이런 터널들을 따라 나아가고, 특히 그것들을 곧게 파 나갈 것이다.

간선 도로들은 다소 깊은 경향이 있고 적당한 배수 시설들이 갖추어져 있는데, 이 밖에 집의 훨씬 더 깊은 부분들을 위한 장치들도 있다. 이 마지막 점은 전체 집을 획득하려는 사람들을 괴롭혀 왔는데, 왜냐하면 당신이 꼭대기에서 파고 들어가기 시작할 때 여왕 두더지쥐는 맨 밑바닥까지 도망가버리는 경향이 있기 때문이다. 지표면 근처에는 본래 식량을 얻으려는 두더지쥐들이 따라가는 도로들인 더 작은 터널들이 있다.

그들이 먹는 식물 뿌리들은 반(半) 덩어리가 되어, 즉 어떤 지역들에서는 다른 지역들보다 더 많이 집중되어, 자라는 경향이 있다. 두더지쥐들은 자기들의 더 작은 터널들을 그런 지역 속으로 통과시킬 것이며, 그 후 태반의 덩이줄기들에 도달하도록 광범위하게 가지내기(branching)를 시작할 것이다. 그들이 주어진 식물로부터 반드시 덩이줄기들 모두를 떼어가는 것은 아니라는 점이 언급되어야겠는데, 사실상 때때로 그들은 그 식물을 곧바로 관통하여 터널을 뚫는다. 그러면 그 식물은 다시 덩이줄기를 성장시킬 것이며, 덩이줄기는 두더지쥐들에게 더 많은 식량원을 제공한다.

생물학자들은 두더지쥐들이 그저 무작위로 터널을 파 나가다가 그것이 덩이줄기 하나와 우연히 부딪치기를 바라는 것 이외에는 덩이줄기들을 발견하는 방법이 없다고 생각하고 있다. 정말 이것이 맞는 말일지 모른다. 그러나 나는 모든 식물들이 약간의 화학물질들을 발산하는 경향이 있기 때문에 두더지쥐들이 덩이줄기들을 추적해서 잡는 어떤 능력을 분명 가지고 있지 않을까 하고 생각한다. 아무튼 내가 보아 온 두더지쥐들의 채굴 지도들은 어떤 형을 보여주는 것 같은데, 이것은 만약 그들이 그저 임의적인 탐색에 종사하고 있다면 다소 생기기 어려울 것이다.

두더지쥐 집에서 그들은 여왕과 여왕을 임신시키는 수컷들을 가진 잘 확립된 사회적 체계를 지니고 있는데, 수컷들은 분명히 자신들의 지위를 주로 싸움으로 얻는다. 이런 면에서 그들은 약간의 종들의 말벌들과 상당히 같다. 실험실에서 관찰된 두더지쥐의 한 사례에서는 여왕이 허약하거나 병에 걸린 것 같은 증상을 보였는데, 그 여왕은 제거되고 새로운 여왕이 나타났다. 그러나 어느 쪽이 여왕이냐 하는 점은 더 잘 먹게 되는 것과 일반적으로 다른 두더지쥐들, 특히 그녀를 임신시키는 보통 크고 건장한 수컷들에 의하여 보살핌을 받게 되는 분명한 이득을 누린다. 따라서 그녀가 자주 임신한다는 사실도 집을 통제하는 그녀의 능력에 심하게 영향을 미치지는 않는다.

그러면 왜 다른 수컷들에 둘러싸여 있는 다른 암컷들 또한 새끼를 낳지 못하는가라는 질문이 생긴다. 때때로 그들도 분명히 그것을 시도하지만, 이것은 억제된다. 아마 집 내부에 이것을 불가능하게 하는 어떤 종류의 호르몬 전달이 있는 것 같다. 두더지쥐들은 대소변 구역들을 가지고 있다. 그들은 또한 서로의 변을 먹는 습성이 있는데, 이것이 집 전체에 걸친 호르몬 전달을 매우 쉽게 할 것이다.

연령 계급화(age grading)의 어떤 증거가 있는데, 이 경우 두더지쥐들은 집의 일에 종사할 만큼 성장하자마자 터널을 판다든지 화산 분출 활동을 시작한다. 그들이 더 커짐에 따라 그들은 분명히 일을 덜하고, 만약 그들이 수컷들이라면 그들은 결국에는 집의 기능적 수컷들로 마감한다. 만약 그들이 암컷들이라면 그들은 아마 여왕이 될는지 모르는데, 비록 위 경우 둘 다 그 확률이 낮다 하더라도 그렇다. (나는 바로 위의 이 구절과 내가 이 장에서 말하는 모든 것이 최근의, 아직 극히 불완전한 연구의 결과라는 점을 강조한다. 앞으로 10년이 지나면, 우리가 지금 아는 것보다 훨씬 더 많이 두더지쥐들에 관해 알게 될 것이다.)

화산 분출 활동은 그 종의 더 작고 미성숙한 구성원들에게 떼미는 경향이 있는데, 두더지쥐들이 행하는 단일의 가장 위험한 일이다. 이런 활동에 종사하는 두더지쥐는 불가피하게 눈에 잘 띈다. 화산 분출 활동 때문에 두더지쥐는 지표면 가까이 있게 되며, 눈이 어두울 뿐만 아니라 많은 소음을 내기 때문에 어떤 것이 몰래 "화산"에 접근하는 것을 못 들을 가능성이 많다. 작은 뱀들이 아마 두더지쥐들에게는 가장 위험스런 포식동물들일 것이지만, 화산 분출 활동을 하는 두더지쥐들을 제외하고는, 그것들이 몹시 위험스럽지는 않다. 실험실의 인공적인 서식지들에 투입된 포식동물들은 두더지쥐들에 의하여 살해되곤 했다.

두더지쥐들은 실제 굴을 파는 일을 자기들의 이빨들을 가지고 하는데, 이빨들은 길며 계속적으로 자라는 경향이 있어서, 굴 파는 일이 그들의 이빨들을 없애지는 않는다. 이런 이빨들은 상당히 위험스러운 무기이며, 그들이 집 속으로 들어온 뱀들을 죽일 수 있다는 사실은 몹시 놀라운 것이 아니다. 아무튼 실험실 지역의 두더지쥐들은 투입된 포식동물들에게 아주 분명히 과감한 공격을 감행했다.

또한 서로 다른 집들 사이에 전쟁들이 일어날 가능성도 있다. 실험실에서는 두 개의 다른 두더지쥐 집들이 그들이 편안하게 느끼도록 진흙으로 가득 채운 두 개의 상이한 관(管)들을 타고 내려가다가 서로 마주치도록 장치들을 마련하는 것이 가능하다. 이런 것들로 말미암아 전투가 일어나며 보통 더 많은 진흙을 그 자리에 쌓음으로써 터널이 봉쇄된다.

야생에서는 더 큰 두더지쥐 공동체는 터널을 봉쇄하는 대신 계속 파 들어가서 다른 두더지쥐 공동체를 파괴할 가능성이 있다. 아마 방어하는 두더지쥐들은 터널을 메우려고 하겠지만, 더 크고 더 공격적인 집은 터널을 계속해서 팔 수 있을 것이고, 결국 이것으로 인해 더 작은 집단이 전멸할 것이라는 점을 의심할 이유는 없다. 그러나 이 모든 것은 순전한 추측이다. 내가 아는 한 아무도 그와 같은 것을 관찰한 적은 없다.

동일한 상황이 말하자면 흰개미들에 관해서도 적용된다. 내가 아는 한 아무도 흰개미들의 터널들이 교차할 때 그들 간의 직접적인 전쟁들을 관찰한 적이 없다. 이것을 야생에서 관찰하는 것은 매우 어려울 것이고, 실험실에서는 전쟁들을 자극함이 없이 흰개미들을 보존하는 것으로도 충분히 성가시다. 그럼에도 불구하고 거기 다시, 적어도 이론상으로는, 한 흰개미집은 다른 흰개미집을 파괴하여 그것의 터널들과 식량원을 차지할지 모른다. 그러나 내가 아는 한 아무도 이것을 관찰한 적은 없다는 점을 나는 반복한다.

개미들, 그리고 정도는 덜하지만 흰개미들은 분명히 매우 다양한 적소들의 대단히 효과적이고 효율적인 점유자들이다. 두더지쥐들은 단지 하나의 다소 협소한 적소에서만, 여러 면에서 특별히 보호된 적소에서만 존재하는 것 같다. 그러므로 그것들은 문명화된 사회적 곤충들의 그것들보다 기본적으로 덜 효율적인 사회일지도 모른다.

진사회성(eusociality)은 포유동물에서 아주 의외의 것이다. 그것에 대해 기울이는 바로 그 관심은 내 생각에 그 의외성으로부터 온다. 그렇지만, 대규모 사회적 조직들이 매우 효율적일지 모르며 진사회성이 그 영역에 유익하다는 증거가 분명히 있다.

그러나 진사회성과 관련해서는, 가장 성공적인 사회적 종, 즉 인간은 그것을 가지고 있지 않다는 점을 강조해야겠다. 내가 말할 수 있는 한, 사회적 거미들도 그것을 가지고 있지 않다. 내가 앞에서 말한 것을 반복하면, 이 거미들에 관한 정보를 얻는 것은 어렵다. 우리는 잠시 후, 비록 말하는 것이 조금 어렵긴 하지만, 분명히 그것을 가지고 있지 않은 다른 종들에게 관심을 돌릴 것이다.

진사회적 습관들이 존재한다는 것은 개미들, 흰개미들 등 사이에 중앙집권화된 정부가 존재한다는 것을 뜻하지는 않는다. 모든 이런 영역들에서는 의사전달 설비가 빈약하고 어떤 개체가 다른 개체에게 지시를 내리는 조짐들도 없다. 각 개체는 무엇을 행할 것인지를 스스로 결정해야 한다. 여기서 문제는 그것들을 어떻게 배열해서 그 궁극적인 결과가 사회적으로 효율적인 협동이 되도록, 즉 이런 형태의 협동보다 자연에서 현저하게 더 흔한 종류의 경쟁이 아니라, 사회적으로 효율적인 협동이 되도록 하느냐 하는 것이다.

말할 것도 없이 인간 사회는 계서제들과 더불어, 즉 보통 전체 사회를 포괄하지는 않지만 그럼에도 불구하고 존재하는 계서제들과 더불어, 협동과 경쟁 둘 다 가지고 있다. 이 계서제들은 다음에는 다른 계서제들 및 개인들과 협동이나 경쟁에 참여한다. 이 모든 것은 우리가 동물 사회들에서 관찰하는 것과 매우 다르지만, 우리가 보게 될 것처럼, 기능적 구조라는 면에서는 어떠한 상위 차원의 유사성들이 있다.

두더지쥐에 대해서는 그만 하자. 이제 우리는 충분히 사회적이지만 개체들이 개미들과 흰개미들보다도 더 저능한 지력을 지닌 몇몇 다른 종들에 관심을 돌려보자. 이런 종들의 첫 번째는 해면동물들(sponges)일 것이다.

해면동물들은 엄청나게 오래된 집단이다. 오늘날의 해면동물들과 근본적으로 비슷한 해면동물들이 실제로 버지스 이판암층(泥板岩層)(Burgess Shale Beds)에서 발견되었다. 기본적인 해면동물 디자인은 간단한 컵(cup) 모양이다. 컵의 몸체는 물이 내부로 주입되는 수많은 작은 구멍들로 꿰뚫어져 있다. 그 "입"(mouth)은 물을 바깥으로 내보내는 출구이다. 더 큰 해면동물들은 서로 가로막고 끼어있는 이런 종류의 컵들의 혼성이며, 더 큰 구멍들은 사실상 개별 컵들의 출구이다.

이 논의의 나머지 부분을 위하여 나는 오직 하나의 컵만 가진 단순한 해면동물들의 하나에 관하여 이야기하겠다. 나는 복수 컵 기제라든지, 같이 가까이 위치한 두 덤불들이 짝짓기를 하거나 같이 자랄지 모르는 것과 똑같이, 상이한 원천들로부터의 상이한 해면동물들이 짝짓기 할 가능성을 단지 가끔씩만 다루겠다. 대부분 생물학자들은 그런 짝짓기의 가능성이 거의 없다고 생각하지만, 나는 동의하지 않기 때문에, 적어도 그 가능성을 언급하겠다.

많은 사람들은 해면동물 군체(colony)는 다양한 컵 모양의 장치들이 이와 같이 크게 쌓인 것이라고 생각하는 경향이 있다. 비록 이런 것들이 분명 존재하긴 하지만, 사실상 군체 그 자체는 단세포들의 매우 전문화된 집합체인데, 그 단세포들의 많은 것들은 성질상 아메바 모양이다. 정통 생물학자들은 이 세포들은 모두 영양계들(clones)이라고 믿는다. 나는 그 점을 의심하지만, 그것이 이 논의의 나머지 부분에 차이를 가져오지는 않는다.

우리의 작은 단일 컵 영역으로 관심을 돌리면, 해면동물의 외부 단(段)은 기능에서 우리의 피부와 비슷한 일종의 표피(epidermis)로 변해 버린 세포들의 층(layer)이다. 우리가 알고 있는 한, 그 세포들과 다른 세포들 사이에는 유전적인 차이가 없다. 정말, 우리가 알고 있는 한, 나중에 논의될 약간의 성세포들을 예외로 한다면, 내가 논의하게 될 모든 상이한 단세포 실체들은 다소 동일한 유전적인 배경을 가지고 있다.

피부 세포들도 역시 컵의 내부의 부분을 덮고 있지만, 거기에는 이것들과 다른 두 가지 매우 중요한 세포 유형들이 있다. 컵의 외부 가장자리들에 있는 작은 구멍들을 통하여 물을 이동시키고 그 다음 주된 개구부를 통하여 외부로 내 보내는 펌프(pump)로서 작용하는 약간의 세포들이 있다. 다른 전문화된 세포 집합은 통과하는 식량 알갱이들을 잡아서 그것들을 소화하여 전체 유기체를 위한 에너지를 방출한다. 뭐니뭐니해도 아주 오랫동안 존재해 온 포리페라(Porifera)는 전적으로 자기들이 에너지로 전환할 수 있는 작은 부스러기 조각들을 자기들이 일으키는 흐르는 물의 흐름으로부터 취함으로써 살아간다.

그러나 해면동물의 재미있는 부분은 이 두 층들 사이에 놓여 있다. 대부분의 해면동물들에서 이 영역에는 규소 혹은 탄산염 침골들(spicules)의 맞물리는 세포간질(細布間質)과 교원질(collagen)의 외세포 세포간질이 있다. 해면동물의 골격을 구성하는 것은 이들 맞물리는 세포간질들(matrices)이다.

살아있는 해면동물에서는 침골들의 골격, 교원질, 그리고 피부 사이의 공간은 일종의 젤리 같은 물질로 되어 있다. 이런 젤리 같은 물질 사이 여기저기에는 해면동물의 대부분의 기본적인 일을 수행하면서 (젤리를 통하여 움직이는 최선의 방법이 무엇이라고 당신이 생각하느냐에 따라) 자유로이 헤엄치거나 자유로이 기어다니는 아메바 모양의 세포들이 대단히 많이 있다.

예를 들면 침골들은 일단의 개개 아메바 모양 세포들에 의하여 생성된다. 여러 아메바 모양의 세포들은 그 특정 종의 특징이 되는 어떤 특정 형태의 침골이든 공동으로 분비할 것이다.[2] 많은 해면동물의 분류는 흔히 주로 침골들을 조사하는 문제가 된다.

아메바 모양의 세포들이 만나서 침골을 형성할 때, 지도자와 지시를 따르는 추종자들이 있다는 증거는 없다는 점이 강조되어야 한다. 그들은 아주 자발적으로 행동하는 것 같다. 뿐만 아니라 어디에 새로운 침골을 세울 것인가를 결정하는 명백한 아메바 계획가나 아메바들의 계획위원회가 없다. 우리가 말할 수 있는 한, 일단의 아메바 모양의 세포들은 이 특정 위치에 새로운 침골이 필요하다고 공동으로 "결정하고," 그것을 협동적으로 생산하기 시작한다.

해면동물 내부에서 해야 하는 많은 다른 일들이 있다. 물로부터 식량 혹은 에너지원(源)을 획득하는 전문화된 세포들로부터 식량 혹은 에너지원을 받아서, 그것을 다른 움직일 수 없는 세포들에게 분배하여야 한다. 이것은 아메바 모양의 세포들에 의하여 행해진다. 여기서 전문화의 존재 여부는 분명하지 않다. 모든 아메바 모양의 세포들이 때때로[3] 식량 수확 세포들의 하나에게 가

---

2. 그 전 과정을 보여주는 설명은 Patricia R. Bergquist, *Sponges*, University of California, Berkeley, 1978, p. 94에 있다.

3. 아메바 모양의 세포들이 모두 절대적으로 똑같은 것 같지는 않다는 점을 말해야겠다. 해면동물의 전문가들은 어떤 형태들을 다른 형태들과 구별할 수 있다. 물론 이것은 그들이 유전적으로 다르다는 것을 의미하

서, 식량을 집은 다음, 그것을 스스로 소비하거나 움직일 수 없는 세포들의 하나에게 전달할지 모른다. 반면 마치 개미들이 식량을 여러 가지 일들을 하면서 여기저기 돌아다니는 다른 개미들에게 전달할지 모르는 것처럼, 그들은 그것을 움직이는 세포들에게 전달할지도 모른다.

지금까지 간단한 한 컵 해면동물에 관해서만 논의를 국한해 왔고 그것은 많이 있지만, 많은 컵들을 가진 더 큰 해면동물들도 동일한 방식으로 움직이며, 아메바 모양의 세포들이 하나의 특정 컵 주위의 영역에 국한되지는 않는다. 그것들은 전체 구조의 젤리 같은 내부 여기저기를 자유롭게 이동할 수 있다.

해면동물들은 두 가지 번식 방식을 가지고 있다. 유성 생식(sexual reproduction)부터 시작하겠는데, 이것은 다른 동물의 번식과 유사하기 때문에 설명하기가 매우 쉬운 과정이다. 해면동물 안에는 전문화된 정충 생산 세포들이 있는데, 이 정충은 생산되면 물 속으로 방출된다. 물 여기저기를 돌아다닌 다음, 이들 정충들은 때때로 동일한 유형의 해면동물과 만나서 그 내부로 빨려 들어갈 것이다. 개별 정충은 그 다음 여러 가지 기제들에 의하여 난자와 접촉하게 되고, 그것은 난자를 수정시킨다.

수정된 난자는 그 다음 아마 그저 접합체(zygote)로서 방출될 것인데, 이 경우 그것은 애벌레로 자라 헤엄쳐 돌아다니다가 드디어 그것이 파괴되든지 새로운 해면동물을 시작할 적당한 장소

지는 않는다.

를 찾는다. 아니면 애벌레가 해면동물 안에서 발육하기 시작하여 그 다음 방출될지도 모른다. 다시 한 번 말하자면, 중앙 통제의 흔적은 없다. 이 과정은 분명히 위험스럽고, 매우 많은 곤충 및 식물 번식 절차들처럼 엄청난 낭비를 수반하는데, 왜냐하면 이 수정된 난자들 가운데서 오직 소수만이 사실상 해면동물들을 탄생시킬 것이기 때문이다.

다른 번식 절차가 있는데, 이것은 벌들의 분봉과 다소 구조적으로 유사하다. 그것은 해면의 무성아 생식(gemmulation)이라 불리며, 온대 지역에 살고 있는 민물 해면동물들로부터 뽑은 예로 아주 잘 설명된다.

무성아 생식에서는 대단히 많은 아메바 모양의 세포들이 특별한 번식 구조를 형성한다. 이것은 내부적으로는 상당히 많은 활동적인 세포들로 구성되는데, 이 세포들은 이내 비활동적으로 변할 것이지만, 영양분을 제공할 목적으로 자기들 쪽으로 흘러오는 대단히 많은 다른 아메바 모양의 세포들로부터 여러 가지 영양물을 소화하고 흡수해 왔다. 이것으로 각각 큰 에너지를 가지고 있는 대단히 많은 세포들이 제공되는데, 많은 해면동물에서는 추가적인 지방분들(fats)과 다른 에너지원들이 그들 주위에 쌓여진다. 퇴적이 그 종에 전형적인 크기에 도달했을 때, 세포들의 이런 퇴적의 외부에는 다른 아메바 모양의 세포들에 의하여 단단한 핵이 형성될 것이다.

그 다음 이 전체 구조물은 해면동물로부터 방출되어 강바닥으로 떨어진다. 이것은 보통 가을에 일어나고, 아구(gemmule)는 본질적으로 겨울 동안 동면한다. 봄이 와서 물이 더 따뜻해지면, 그것은 보통 형태의 작은 해면동물을 생산할 만큼 충분한 세포들과 에너지를 가지며, 생산된 이런 해면동물은 활동을 시작한다. 만약 그것의 환경이 적합하면, 그것은 다 큰 어른 해면동물이 되고, 다음에 가을이 오면 어른 해면동물은 번식을 위해 아구들을 생산할 것이다. 아메바 모양의 세포들에 돌연변이들이 있다면, 돌연변이된 세포는 아구 안에 있을지 모른다는 점을 주목하라. 따라서 그런 돌연변이들은 여러 세대 동안 계속될지 모른다.

다시 한 번 말하자면, 아무도 개개 아메바 모양 세포에게 이런 관행에 참여하도록 지시하지 않는다. 참으로, 보통의 해면동물에서는 여러 아구들이 해면동물의 서로 다른 부분들에서 동시에 생산되고 있을 것이므로, 어떤 중앙 통제든 어떻게 그것을 야기할 수 있을지 보기가 약간 어렵다.

이 주제를 전문가들과 함께 토론하는 즉시, 그들은 이 모든 것의 원인은 여러 가지 호르몬들 혹은 기타 화학물질들의 경사도의 발전 때문이라고 말하는 경향이 있다. 이것은 틀림없이 사실이지만, 그러나 이들 아메바 모양의 세포들이 어떻게 이런 경사도를 발전시키기로 결정하는가에 관한 질문이 생긴다. 만약 경사도를 발생시키도록 지시를 발하는 하나의 중앙 지능 세포가 있다면, 이것은 하나의 답이 될 것이다. 그러나 그것은 우리가 관찰하는 바가 아니다.

매우 일반적인 견지에서 그 문제를 고찰하면, 일어나리라고 추측되는 일은 주위의 물의 온도가 떨어짐에 따라 아메바 모양의 세포들이 자신들의 형태를 약간 변화시키는 경향이 있다는 점일 것이다. 그들은 이전에 방출한 적이 없는 어떤 호르몬을 방출하거나, 아마 그것의 양을 증가시키기 시작할 것이다. 이것은 상당히 많은 아메바 모양의 세포들에 의하여 행해지고, 그들 모두는 젤리 같은 덩어리에서의 이러한 호르몬 수준 증가에 대해 반응하여 응집하기 시작한다.

물론 이 호르몬은 덩어리들이 형성되기 시작한 영역들에서 농도가 더 높아질 것이고, 따라서 그것은 다른 아메바들을 끌어들일 것이다. 그들은 자기들의 내부적인 화학작용으로 이런 종류의 화학물질의 경사도를 올리도록 자극받을 것이다. 그 이후 이런 행동의 더 자세한 내용들은 그저 그 집단이 중심부에 존재한다는 점으로부터 일어날 수 있는데, 아마도 이 때 적용되는 법칙은, 해당되는 무슨 화학물질이든지 일단 그 양이 일정한 농도에 도달하면(이것은 지금까지 응집되어 온 상당히 많은 세포들이 있다는 점 등을 의미할 것이다), 다른 세포들은 그들 둘레에 견고한 덮개를 형성할 것이라는 점이다.

이 모든 것은 아주 자동적으로 그리고 분명히 개별 세포의 쪽에서 아무런 많은 생각 없이 일어나지만, 그것은 높은 수준의 협동과 조정을 포함하고 있다는 점을 주목하라. 하이에크(Hayek)는 인간들 사이의 자발적인 질서에 관해 많은 저술 활동을 해 왔다.

인간들 사이에는 자발적인 질서, 계획 및 계서제들이 존재하는 것이 틀림없다. 그러나 해면동물에서는 우리는 오직 자발적인 질서만 발견한다. 도대체 어떤 계획이 존재하는 한 그것은 수 세대 전에 적절하게 형성된 DNA 분자의 구성에서 일어난 것일 것이다.

무성아 생식으로 번식하는 해면동물들에 국한해 볼 때, 만약 DNA 분자들이 이런 종류의 협동을 지시하지 않는 돌연변이들이 일어났었다면, 그런 특정 해면동물들은 보통의 진화적인 효과들에 의하여 파괴되었을 것이고, 남아 있는 것들은 이런 자동적인 행동 유형들을 지니게 될 것이다. 비록 나는 그것이 인간에게는 별로 영향을 미치지 않는다고 생각하지만, 일반적으로 이와 같은 어떤 것이 틀림없이 거의 모든 인간 이외의 사회들에게 영향을 미쳐왔을 것이다. 그것들 거의 모두에서 사회의 다양한 구성원들에 의해 다른 구성원들의 행동에 영향을 미치는 어떤 호르몬의 발산이 있다. 진사회적인 것들에서는 번식자들이 다른 것들과 다르면서 상당한 조정 효과를 지니는 일단의 호르몬들의 중심지일지 모른다. 그럼에도 불구하고 이 모든 경우들에서 어떤 진정한 의미에서 중앙 계획은 없다. 계획은 오래 전에 적절한 DNA 배열들의 발전을 위하여 일어난 것이지, 이 특정 집단의 발전에서 일어나지는 않았다. 이 모든 것은 다음 장에서 더 길게 논의될 것이지만, 여기서 그 주제를 소개하는 것이 사리에 맞을 것 같다.

그렇다면 실체를 이런 아메바 모양의 세포라고 간주할 때 진화적 선택은 한 실체의 개체 선택의 형태를 취할 수는 없다. 해면동물 내부에서 단세포들의 약간은 하여간 해면동물의 내부 구조를 위반했거나 그것에 적합하지 않았기 때문에 생존하지 못할지 모른다는 점은 물론 사실이다. 그러나 그것은 진화라는 말이 통상적으로 의미하는 바는 아니다. 그렇지만 더 넓은 의미로는 그것은 우리가 아래에서 지적할 것처럼 아마 진화에 포함되어야 할 것이다.

진정한 의미에서 어떤 종의 유전 물질은 그 종 혹은 아종(亞種)의 전체에서 전달된다. 성적 짝짓기 과정은 어떤 개체든 자기의 부모나 정말 어쩌면 그 종의 어떤 다른 단일 구성원과도 정확하게 똑같은 유전자들을 가지는 것이 드물다는 점을 의미한다. 당신이 가지는 것은 유전자들의 혼합이다. 이것은 또한 해면동물에게도 사실이다.

앞에서 나는 집단의 기대수명(life expectancy)이 개체의 그것과 같은 자리 수가 아니면 개체 선택이 집단 선택을 지배한다는 일반적인 수학적 법칙을 논하였다. 나는 이것이 옳지 않을 가능성이 있는 몇 가지 경우들이 있다는 점을 지적하였지만, 그럼에도 불구하고 그것은 훌륭한 일반적인 법칙이다.

그렇지만 당신 몸의 세포든 해면동물의 세포든 어떤 주어진 세포의 유전자들을 고찰해 보자. 첫째로, 그 세포가 특정 종에게 필요한 어떤 역할도 수행하도록 적어도 그만큼 오랫동안은 유전자들이 그 세포를 살려놓아야 한다. 어떤 이유로 해면동물의 내부에서 살아남을 수 없는 아메바 모양의 세포들의 하나는 분명히 제거될 것이다. 둘째로, 그 세포는 어떻게 해서든지 그것의 유전자들이 다음 세대에 대변되도록 충분히 효과적이어야 한다. 물론 이런 대변은 그 세포로부터가 아니라 친척으로부터 올지도 모른다. 따라서 생물학자들이 포괄적 적응도(inclusive fitness)라고 부르고 내가 친족주의(nepotism)[4]라고 부르고 싶은 것이 의미해 온 바는 유전자들이 번식하려고 노력할 뿐만 아니라 다른 유기체 속에서 복제들이 번식하는 것을 도울지도 모른다는 점이다. 마지막이지만, 결코 가장 작은 것이 아닌 것으로, 유전자들은 더 큰 유기체가 계속 존재하도록 하는 것이어야 한다. 거미는 새끼들 모두를 잡아먹지 않는 한에서만 자신의 새끼를 잡아먹을 수 있다.

따라서 우리는 이 경우에 세 가지 (아마 네 가지) 상이한 진화 수준들을 가지고 있다. 첫 번째는 개체 단위를 살려놓는 진화 수준이다. 더욱 더 낮은 수준, 즉 화학적 진화 수준(chemical evolutionary level)도 있다는 점이 언급되어야겠다. 필요한 유전적인 장치는 대대로 계속해서 번식될 수 있을 만큼 충분히 화학적으로 안정되어야 한다. 이것은 아마 DNA 분자가 진화되고 지속된 이유일 것이다.

두 번째는 (혹은 세 번째는) 생산된 개체가 기능적이어야 한다는 것이다. 그것이 번식 연령에 도달하기 전에 어떤 유전적인 결함에 의하여 죽을 운명에 처할지 모른다는 것은 그 특정 법칙의

4. "해밀턴의 이타주의"(Hamilton's altruism)는 또 하나의 이름이다.

위반이며, 그것은 개체적으로 도태될 것이다. 마지막으로, 그것은 집단이 번식을 못할 만큼 그렇게 많이 집단에 해를 입혀서는 안 된다.

후자의 예로서 구달(Jane Van Loewek Goodall)은 한 쌍의 암컷 침팬지들이 어떤 다른 것들의 새끼들을 유괴하여 살해해서 먹고 있다는 것을 발견했다. 이런 습성은 만약 극한까지 나아간다면 종을 멸종시킬 것이다. 침팬지들은 꽤 큰 집단이 없다면 살 수 없거나, 적어도 번창할 수 없다. 만약 이 유아 살해 유전자(infanticide gene)가 충분한 개체 선택적인 가치를 발달시킨다면, 침팬지들은 존재하지 못할 것이다.

따라서 진화는 이 모든 수준들에서 선택되어야 하며, 결과로서 생기는 종은 이 영역들 각각에서의 진화의 균형임에 틀림없다. 만약 일정 유전자 조합들이 존재한다면 인간들은 당연히 엄청나게 더 효율적이겠지만, 이 유전자 조합들은 화학적으로 불안정하며, 그래서 존재할 수 없다. 이 주제에 관하여 우리는 어떤 예들도 지적할 수 없지만, 열린 마음을 지니는 것이 최선이다. 우리는 그것이 불가능하다고 확실히 말할 수 없다.

해면동물의 반독립적인 세포들이든 당신 몸의 세포들이든 세포들은 또한 기능적이어야 하는데, 만약 개체와 사회가 계속되려면 그들의 작동에 심각한 결함들이 없어야 한다는 의미에서 그렇다. 개별적인 더 큰 실체는, 비록 이 실체가 사회 속에 사는 개미나 인간이라 하더라도, 기능적이어야 하고, 그렇지 않으면 그것은 도태될 것이다.

마지막으로, 전체로서의 집단 역시 기능적이어야 한다. 이것은 면밀한 균형을 필요로 한다. 개체는 집단을 위해 희생하리라고 기대할 수 없는데, 희생한다는 것은 비록 개체가 집단을 돕긴 하지만 특정 유전자들이 집단 안에서 도태될 것이라는 것을 의미할 것이기 때문이다. 그러나 동시에 개체는 자신의 발전을 돕지만 자신이 한 부분인 사회에 지나치게 큰 부담을 가할 유전자들을 가질 수도 없다.

이 모든 상이한 진화 수준들은 균형을 유지해야 하는데, 모든 종들에서 그 균형은 매우 협소한 균형이라는 점이 사실임에 틀림없다. 우리는 수백만의 종들을 가지고 있지만, 만약 우리가 이러한 균형 요건들을 피할 수 있다면 분명히 우리는 더 많이 가질 것이다.

그러나 이제 이론은 충분하다. 사회에 관한 우리의 마지막 예인 변형균(slime mold)에 관심을 돌리자. 이 "사회"는 너무 특이하여 그것이 존재한다고 믿기도 어렵다. 윌슨(Wilson)은 해면동물들을 거의 무시했지만,[5] 변형균들에 대해서는 거의 한 문단 가득 할애하고 있다.[6]

변형균의 생애주기는 특이하다. 어느 한 시점에서 시작한 다음, 생애주기 나머지를 조사해 보기로 하자. 그러면 우리는 온대

---

5. 156쪽에 한 문장으로 잠깐 언급하고 있다.

6. *Sociobiology*, Harvard Press, Cambridge, p. 185.

지역 숲의 바닥을 여기저기 돌아다니는, 각각 상당히 아메바와 같은, 수많은 단세포들을 가지고 시작한다. 완전히 이해되지는 않지만, 어떤 신호에 따라 다수의 그것들은 훨씬 더 큰 실체로 응집되기 시작한다. 나중에 설명될 이유들 때문에, 이렇게 응집되는 세포들은 가까운 친척일 것 같지는 않다.[7]

아무튼 그들은 상당히 시가(cigar)처럼 보이는 단단한 몸체를 형성한다. 비록 개별 실체들은 보는 데 현미경을 필요로 할만큼 아주 작지만, "시가"는 분명히 눈에 보이고, 보통 길이가 몇 인치씩 된다.[8] 개별 아메바들은, 서로 결합해서 견고한 구조를 형성하는 것이 아니라, 아주 작은 아메바의 관점으로부터 볼 때는 참으로 거대한 것임에 틀림이 없는 시가 속에서, 흘러 다닌다. 앞에서 언급한 것처럼, 그것은 길이가 여러 인치가 될지 모른다.

시가 모양의 물체는 무한궤도 트랙터(caterpillar tractor)의 과정과 상당히 같은 과정에 의하여 숲 바닥을 가로질러 움직이기

---

7. 내가 이것을 초고에 기술한 이후, 어떤 생물학자가 DNA 대응(matching)을 사용하여 세포들이 가까운 친척이 아니라는 점을 발견하였다. 이것은 어떤 분야에서든 외부 이론가가 때때로 옳을 수 있다는 것을 보여준다.

8. 시가 모양의 실체들로 성장하는 대신에, 일종의 팬케이크(pancake)를 형성하는 다른 변형균 집단이 있다. 기본적인 진화적 차이점은 시가는 움직일 수 있는 반면 팬케이크는 움직일 수 없다는 점이다. 다른 면들에서는 그들의 행동은 거의 같다. 흥미롭게도, 팬케이크 변형균에서는 세포 경계들이 용해되어 그것이 말하자면 세포 부분들의 포리지(porridge; 오트밀에 우유 또는 물을 넣어 만든 죽)로 이루어진다.

시작한다. 땅과 접촉된 부분인 낮은 부분은 안정적으로 남아있지만, 이 부분의 후미(後尾)는 위쪽을 따라 앞으로 나아가서, 아래로 내려와, 무한궤도 접지면의 전방 부분이 된다. 이런 과정에 의해 시가는 한 동안 숲 바닥을 가로질러 돌아다닌다.

어떤 시점에서 시가는 멈추어서 앞쪽 끝에 경상부(莖狀部)를 솟군다. 그 다음 경상부의 세포들은 포자들(spores)을 형성하고, 포자들은 바람의 작용에 의하여 흩어진다. 땅에 떨어지자마자, 만약 그들이 알맞은 지역에 놓이게 되면, 그들은 작은 아메바들을 형성하고, 충분히 크게 자랄 때까지 음식을 섭취하여 큰 아메바들이 되며, 그리고는 전 과정이 반복된다.

그들이 포자 번식과 시가를 결합하는 유일한 이유는 이 실체들 중 하나의 "자손들"을 아메바들이 충분히 큰 크기에 도달할 때 단순히 분열하여 얻는 것보다 더 넓게 퍼뜨리려는 것일 것 같다. 우리의 관점으로부터는 시가는 매우 느리게 움직이지만, 아메바 자신들과 비교하면 그것이 여행할 수 있는 거리는 아주 엄청나다. 포자를 바람으로 분산시키면 아메바의 단순한 분열보다 엄청나게 더 넓게 다음 "세대"가 분산된다.

그럼에도 불구하고 이 모든 것은 많은 상이한 시가들로부터의 포자들이 땅 위에서 서로 혼합되기 쉽다는 것을 의미한다. 정말 포자에 의한 번식 방식은 거의 필연적으로 이 변형균들의 어느 것의 포자들이든 그것들이 너무나 광범위하게 분포되어서 도무지 아메바 운동으로는 함께 되돌아 올 수 없다는 것을 의미한다.

이것은 같이 결합해서 시가들 중의 하나를 형성한 아메바들이 가까운 친척일 것 같지 않은 이유이다.[9] 많은 상이한 시가들의 포자들로부터 유래된 아메바들이 혼합되어 있음에 틀림없다. 이것이 진화적인 선택에 대하여 제기하는 문제들은 분명히 크다.

특히 이것은 포자 형성을 하는 유전자 패키지들의 하나가 될 가능성이 보통의 것들보다 더 커지도록 시가에서 하여간 부정행위를 할 수 있는 유전자 패키지가 다음 세대에서 자기 자신의 생존 가능성을 높이면서 종의 생존 확률을 낮출 분명한 경우인 것 같다. 그것은 개체 선택과 집단 선택이 반대 방향으로 다투고 있는 분명한 경우일 것이다.

하나의 가능한 해결책은 간단히 말해 자기들이 번식되도록 자기들의 지위를 시가의 영역 안에서 싸워서 유지할 수 있는 세포들에 의해 자동적으로 시가가 절멸되고 시가는 더 이상 자신의 무한궤도 여행으로 전진할 수 없게 되는 상황일 것이다. 우리가 시가 내부의 동력에 관하여 더 많이 알 때까지 이것에 관하여 많이 말할 수는 없지만, 나는 그것이 내 생각에는 몹시 가능성이 있을 것 같지는 않다고 말하고 싶다. 만약 그것이 가능성이 있다면, 집단, 즉 시가의 기대수명은 개체, 즉 임의의 세포들의 기대수명만큼 짧을 것이다.

이 책의 관점에서 볼 때, 여기서 참으로 흥미있는 특징은 생각하건대 개별적 지능을 가지고 있다거나 심지어 어떤 명령 및 통

---

9. 그리고, 반복하면, 그들은 친척이 아닌 것으로 밝혀졌다.

제 장치에 복종하는 것으로 간주될 수 없는 일단의 실체들 사이의 협동적인 행동이다.

다시 한 번 말하자면, 내가 이것에 관하여 어떤 생물학자에게 말을 건넸을 때, 그는 꼭대기에 포자들을 가진 경상부가 전방 상부에 형성되는 이유는 아마 호르몬 경사도(gradient) 때문일 것이라고 말했다. 나는 이것이 아마 맞을 것이라고 동의하겠지만, 그러면 질문은 호르몬 경사도는 어떻게 시작되는가? 라는 것이 된다.

그럴듯하게 보이는 작은 기제를 구성해 보자. 아메바들이 결합해서 하나의 큰 시가 모양의 몸체를 형성할 때, 아메바들이 상당한 양의 에너지 보급품을 가지고 온다고 가정해 보자. 그러면 조금도 음식을 섭취할 수 없는 시가는, 물론 에너지를 소비하면서, 앞으로 나아가는데, 드디어 이용할 수 있는 총 에너지가 어떤 한계(threshold) 수준 아래로 떨어지는 때가 온다. 그 시점에서 그것은 자신의 내부 구조에서의 화학적인 변화 때문에 다음 단계로 이동한다.

그러나 이것은 어떤 특정 집합의 세포들이 나머지 세포들에게 명령을 발했다고 말하는 것이 아님을 주목하라. 다시 한 번 말하자면, 그것은 각 개별 세포가 자기가 무엇을 할 것인지를 "결정" 해야만 하는 협동적인 조치이다. 그들 중 약간은 경상부에 가담하여 결국에는 흩어지게 되는 포자송이들이 될 것이다. 다른 것들은 시가가 죽을 때 죽을 것이다. 그들 중 어떤 것도 무작위적이지 않은 어떤 특정 방식으로 선택된다는 증거가 없다. 시가가 움직임을 멈추고 경상부를 솟굴 때, 우연히 잠재적 경상부의 위치에 있었던 것들은 명백히 그저 운이 좋았을 뿐이다. 그것들을 위해서 다른 것들은 자신들을 희생한다.

이것은 극단적인 경우이다. 그것은 명백히 대등한 실체들의 집단이 정교한 협동적인 행동에 종사하고, 그 최종 결과로, 그들 중 약간이 번식할 수 있도록 하기 위하여 그들의 대부분이 희생하는 "사회"에 관해 내가 알고 있는 가장 분명한 예이다. 어떤 종류든 명백한 중앙 조정은 존재하지 않는다.

이제 독자들은 내가 이 모든 것에 대한 설명이라고 생각하는 것을 내가 가지고 있다는 것을 틀림없이 알아차렸을 것이다. 참으로 독자들이 면밀한 주의를 기울여 왔다면, 내가 그것을 무엇이라고 생각하느냐에 관해 독자들은 아주 훌륭하게 대략적으로 파악했을 것이다. 독자들은 또한 비록 그것이 인간 사회와 어떤 관련이 분명 있긴 하지만 그 관련성은 거리가 멀며 우리가 따라야 하는 아무런 모범도 확실히 우리에게 제공하지 않는다는 결론에도 도달할 것이라고 나는 확신한다.

다음 장은 내가 그것이 어떻게 작용한다고 생각하며 그것에 대한 인간 사회 유사물이 어떻게 작용한다고 생각하느냐를 설명하는 데 할애된다. 그것은 필연적으로 상당히 추측적인데, 왜냐하면 내가 알고 있는 한 아무도 이전에 그것에 관한 것을 자세하게 연구한 적이 없기 때문이다. 참으로 생물학자들은 일반적으로 그 질문을 제기한 적조차 없다. 그럼에도 불구하고 그것은 나에게 보통 정도로는 중요한 것으로 여겨지는데, 진정한 의미에서 그것은 내가 이 책에서 목표로 삼는 바이다.

■ 참고문헌

Paul W. Sherman, Jennifer U. M. Jarvis, and Richard Alexander, *The Biology of Naked Mole Rat,* Princeton University Press, Princeton, 1991은 두더지쥐들에 관한 가장 훌륭한 원전이다. 그것은 아마 비생물학자들에게 그들이 이 상당히 불쾌한 포유동물에 관하여 알고 싶어하는 것 이상을 가르쳐 줄 것이다.

Patricia R. Bergquist, *Sponges,* University of California Press, Berkeley, 1978은 해면동물들의 간단한 입문서이다. 그것은 또한 아마 그 주제에 관해 수업을 받지 않은 사람에게는 너무 길기도 할 것이다.

변형균들에 관해 간단한 것을 찾기는 어렵지만, Lynn Margulis and Karlene V. Schwartzc, *Five Kingdoms,* WH Freeman & Co., Boston 1982-88의 132-7쪽은 훌륭한 소개 자료이다. 대략적으로 말해, 생물학에서 일반적인 원전을 구하기를 원하는 사람은 이 책보다 더 나은 것을 구할 수 없다.

▌제 7 장 협동의 이론

나는 인간 사회는 개별 실체들이 "자기 생각에 따라" 결정하기 때문에 완전히 협동적인 방식으로 행동하지 않는다는 점을 여러 번 강조해 왔다. 우리는 계서제들을 가지고 있다. 비록 어떤 사회들에서는 사람들이 자발적으로 계서제들에 참여하거나 떠나지만, 우리가 계서제들을 가지고 있다는 것은 우리가 인간 이외의 자연계에서 관찰하는 것과 다른 유형이 생기는 원인이 된다. 우리는 또한 직접적으로 거래가 이루어지는 시장을 가지고 있는데, 인간 이외의 자연계에는 이것에 대응하는 것이 거의 없다.

그러면 협동은 자연계에서 어떻게 달성되는가? 나는 독자들이 여기서의 나의 기본적인 모형은 애덤 스미스(Adam Smith) 이후부터 연구되어 온 경제학으로부터 유래되었다는 점에 놀라지 않을 것이라고 추측한다. 나는 동물들, 식물들, 해면동물들의 아메바 모양의 단세포들, 그리고 변형균들의 "개별" 세포들 모두가 우리가 인간들에서 발견하는 선호함수(preference function)와 기능적으로 똑같은 어떤 것을 가지고 있다고 가정한다. 그런데 내가 오직 “기능적으로”(functionally) 똑같다고 말하는 점에 주목하라. 그것은 엄청나게 더 원시적임에 틀림없으며, 확실히 그것은 반드시 신경체계를 통하여 조정되는 것도 아니다. 변형균 세포는 확실히 신경체계를 가지고 있지도 않다. 그럼에도 불구하고 인간 선호함수의 이론적인 기법은 심지어 변형균에게도 이양될 수 있다.

이 책은 사회적 종과 관계 있지만, 군거(群居)하지 않는 동물들 또한 자신들의 행동의 지침으로서 위와 유사한 어떤 것을 틀림없이 가지고 있다. 표범들은 자기들의 생활 양식이 현저하게 고립적이지만, 그들 모두는 위와 다소 똑같은 효율적 행동 유형에 종사한다. 아래에서 사회적 종에 대하여 자세하게 설명될 기제는 그들에게도 작용할 것이다. 그들은 그저 상이한 “선호들”을 가질 뿐이다.

여기서 실마리는 내가 환경적인 조정(environmental coordination)이라고 부르는 것이다. 그것이 어떤 것이든 각 실체는 자기 자신의 행동 유형을 수행하고, 그것은 아마 미미한 정도뿐이겠지만 다른 실체들에 대한 환경을 변화시킨다. 그러면 이 실체들의 각각은 새로운 환경이라는 견지에서 무엇을 수행해야 할 것인가를 “결정한다.” 만약 이 선호함수들이 적절하게 조정된다면, 이 결과 우리가 사회적 종들에서 보는 고차원의 협동이 일어날 수 있을 것이다. 그러나 그것들은 적절하게 조정되어야 한다는 점을 주목하라. 이 조정이 자연의 부분이어야 할 분명한 이유는 없다.

그것은 보통의 다윈적인 과정(Darwinian process)에 의해 선택되어야 하며, 이 선택은 분명히 매우 어려울 것이다. 이것이 아마 사회적 종들이 비사회적 종들보다 더 드문 이유일 것이다.

간단한 예로서 자기들의 집에 있는 많은 흰개미들을 고찰해 보기로 하는데, 그들이 극히 단순한 선호함수들을 가지고 있다고, 즉 그들은 다만 식량과 집을 탈없이 유지하는 데만 관심이 있다고 가정해 보자. 그들의 선호들은 보통의 한계효용 체감(declining marginal utility)의 지배를 받는다. 간단히 말해서, 하루에 소비되는 식량의 각 "단위"(unit)는 다음 단위에 대한 개별 흰개미의 욕망을 얼마만큼 줄인다. 비슷하게, 만약 집에 단지 사소한 것들만 문제가 되고 있다면 중대한 결함들이 있을 때보다 흰개미가 수리에 관심을 돌릴 가능성은 덜하다. 파손의 각 "단위"가 늘어남에 따라 자기가 집을 개선하기 위하여 무언가를 할 욕망은 이전 단위보다 더 증가된다.

이 단순한 선호함수를 지닌 우리의 흰개미가 자신의 일상적인 일에 종사하고 있는데, 그 때 어떤 것이 집을 손상시킨다고 가정해 보자. 이 때는 그(혹은 그녀)가 집을 수리함으로써 얻을 수 있는 만족은 증가하는데, 따라서 흰개미는 아마 그런 수리를 하는 쪽으로 이동할 것이다. 만약 식량이 부족하다면, 반대의 반응이 예상될 것이다. 뿐만 아니라 그 개별 흰개미의 행동은 다른 흰개미들에 대한 환경을 변화시킨다. 만약 그것이 집을 수리한다면, 다른 흰개미가 집에 대해 더 일해서 얻을 수 있는 만족은 저하된다. 따라서 이런 수리는 모든 흰개미들에 대한 환경을 변화시킴으로써 그들의 행동을 변화시킨다.

아마 표범과 같이 단독생활을 하는 동물도 자신이 소중히 여기는 각각의 것에 대해 위와 유사한 체감하는 한계효용을 지닌 자신의 선호함수를 가지고 있을 것이다.[1] 그러나 표범의 선호들로 인해 협동이 일어나지는 않는다. 만약 그것이 가젤(gazelle; 아프리카 영양의 일종)을 잡는다면, 그것은 자기 자신의 만족을 증가시키지만, 그것의 다른 표범들에 대한 유일한 효과는 그들에게 이용 가능한 가젤들의 수가 조금 감소하는 것뿐이다. 그것의 다른 표범들과의 유일한 접촉은 (이 책의 분야에서 벗어난) 짝짓기와 있을지도 모르는 영토 방어에서 일어난다. 이것은 결코 협동적인 행위가 아니며 사회를 발전시킬 것 같지도 않다.

흰개미들의 상황은 표범들의 그것과 근본적으로 다르지만, 그 차이는 개별 흰개미의 선호함수라는 것이 그 흰개미의 행동이 다른 흰개미들의 환경과, 그래서 그들의 행동을 현저하게 변경시키도록 되어 있다는 점에 있다. 예를 들면 집에 식량을 공급하는 흰

---

1. 지금까지 나는 장들의 끝, 참고문헌들에서 비생물학자들을 위한 약간의 쉬운 읽을거리를 제공해 왔다. 여기서 나는 경제학자들이 아닌 생물학자들을 위하여 약간의 쉬운 읽을거리를 제공하고자 한다. 훌륭한 표준적인 교과서는 C. E. Ferguson and S. Charles Maurice, *Economic Analysis*, Irwin, Homewood IL, 1970, 74, and 78년 판이다. 75-215쪽은 당신에게 본 주제에 관하여 당신이 알 필요가 있는 모든 것을, 아마 그것보다 더 많이, 제공할 것이다. 거의 어떤 경제학 교재든지 본 주제에 관한 절을 가지고 있을 것이다.

개미는 다른 흰개미들의 식량 수요의 절박함을 감소시켜서, 그 결과 개별 흰개미들은 집을 수리하는 데로 관심을 돌린다.

물론 실제로 각 개별 흰개미는 다소 상이한 미시적 환경(micro-environment)에 직면한다. 그것이 정확하게 얼마나 배가 고픈지, 그리고 그것의 직접적인 환경들은 어떠한지가 자신이 무엇을 할 것인가에 관한 그것의 결정에서 중요하다. 그것의 활동은 집의 매우 작은 부분에만 영향을 미칠 것이다. 그렇지만 만약 그것이 나가서 식량을 구해 온다면, 그 순 효과로 그것과 아마 그것이 식량을 전달해 주는 다른 흰개미들이 배가 덜 고플 뿐만 아니라 집 수리의 욕구도 약간 증가될 것이다.

물론 흰개미의 선호함수는 우리의 단순화된 예에서 보는 식량 및 잘 수리된 집에 대한 욕망이라는 것보다 훨씬 더 많은 "독립변인들"(arguments)을 그 안에 가지고 있다. 그러나 모든 "선호들"은 한계효용 체감의 지배를 받게 되고, 그래서 만약 선호들이 제대로 된 것들이라면 그 기제로 말미암아 우리가 보는 형태의 사회적 조정이 발생할 것이다.

이 구조는 경제학자들에게는 매우 분명하며, 통상 우리는 이런 방식으로 행동하는 인간들에 관하여 이야기한다. 흔히 경제학 교과서들은 그것이 인간 행동이 조정되는 여러 이유들 중의 하나라고 지적하곤 한다. 근본적인 차이는 인간들은 예견(豫見)에 종사할 수 있고, 계산할 수 있으며, 엄청나게 더 복잡한 선호함수를 가지고 있다는 점이다. 이것들은 모두 종류의 차이라기보다 정도의 차이지만, 모두 합친 그것들의 순 효과로, 인간 행동과 흰개미의 행동의 유사성은 오직 아주 대략적이고 아주 일반적인 성격의 것일 뿐이다.

앞에서 나는 모든 사회들은 본질적으로 동일한 기본적인 조직적 구조에 속하지만, 당신은 이 사회들을 그 하나는 인간 사회이고 다른 하나는 나머지 전부인 두 개의 커다란 군(群)으로 나눌 수 있을 것이라고 말했다. 내가 인간 사회의 연구로부터 어떤 것을 취하여 그것을 흰개미들에게 적용했다는 사실이 우리가 흰개미와 가깝다는 것을 증명하지 못하는 것은 우리 둘 다 동물계의 구성원들이라는 사실이 그것을 증명하지 못하는 것과 같다.

분명히 선호함수는 심지어 흰개미들의 경우에도 내가 방금 제시한 것보다 훨씬 더 복잡하다. 그들은 단순히 두 가지 목적들만 가지고 있는 것이 아니다. 집을 수리하고 식량을 모으려는 욕구에 추가하여, 많은 다른 것들도 가지고 있다. 그들은 어린 새끼들과 자기들의 왕족들을 돌보고, 공격으로부터 집을 방어하며, 그것이 무엇이든 그 특정 종류의 흰개미의 유전적인 유형에 따라 집을 새로이 증축한다. 매년 일정 시기에 그들은 번식 활동들을 수행해서, 그 결과 날개 달린 흰개미들이 멀리 날아가서 흰개미 종을 퍼뜨린다.

이 모든 것들은, 그것들이 더욱 정교한 집합의 "선호들"(preferences)을 필요로 한다는 점을 제외하고는, 내가 위에서 개설(槪說)한 과정으로 설명할 수 있다. 이 선호들을 내가 언급할 때, 흰개미가 우리가 느끼는 식으로 느낀다고 내가 주장하고 있는 것은 아니라는 점을 주목하라. 이 모든 것은 완전히 자동적일지 모른다. 나의 책상 위에는 때때로 아주 놀랄 만한 방식으로[2] 외부 자극에 반응하는 컴퓨터가 한 대 있는데, 아무도 그것을 어떤 특정 감정들을 지닌 것으로 생각하지는 않는다. 그럼에도 불구하고 당신은 그것이 이를테면 일정 명령들을 거부하는 "선호함수"(preference function)를 가지고 있다고 말해도 무방하다.

아프리카 곳곳에서 6 내지 7피트까지 곧추 서있는 그런 큰 흰개미무덤들 중 하나의 꼭대기에 있는 흰개미들을 고찰해 보자. 이 집들은 외부 표면 아주 근처에 내리 뻗어 있는 가는 통로들에 의하여 통풍이 되고 있는데, 이 통로들은 이산화탄소를 바깥으로 배출하고 산소를 안으로 들어오게 함으로써 가스들을 교환할 수 있다. 내부의 열도 역시 비슷한 교환들에 의하여 통제된다. 이 집들의 내부는 외부 온도의 매우 큰 변동에도 불구하고 온도가 놀라울 정도로 안정적으로 유지된다. 내부의 습기, 이산화탄소, 및 산소의 농도가 안정되는 것도 역시 그 흰개미들의 활동들의 결과이다.

가는 통로들의 꼭대기에 있는 흰개미들은 하루의 상이한 시각

2. 나의 옛 제자 중 한 명은 초창기 개척 시절로 한참 거슬러 올라간 때부터 컴퓨터에 의한 연구에 관여해 왔는데, 그는 경험적인 연구에는 두 가지 문제들이 있다고 말하였다. 첫째는 연구 조교들이 절대 당신이 시키는 대로 행하지 않는다는 것이고, 둘째는 컴퓨터는 항상 정확히 당신이 시키는 대로 행한다는 것이다.

에 집 내부의 열을 조절하기 위하여 통로들을 개폐하는 "임무"를 수행한다. 우리는 그들이 특정 수준의 이산화탄소와 특정 온도에 대한 "선호"를 가지고 있다고 가정할 수 있다. 추정컨대 그 선호는 이 두 변수들의 어떤 복합함수(complex function)일 것인데, 왜냐하면 그 둘 다 동일한 기본적 장치에 의하여 통제되기 때문이다.

그들이 집 전체에 관해 전혀 알 필요가 없다는 점을 주목하라. 그들은 그저 자기들을 개별적으로 직접 둘러싸고 있는 공기만 고려하면 된다. 만약 이산화탄소가 너무 많으면, 그들은 몇 개의 환기 통로들을 열면 된다. 만약 너무 적으면, 그들은 그것들을 닫을 수 있다. 개별 흰개미는 집의 나머지 부분에서 어떤 일이 진행되고 있는지에 대하여 전혀 알 필요가 없다. 참으로 그들의 뇌의 크기를 고려한다면 그들은 아무것도 알지 못한다고 말하는 것이 타당할 것 같다. 그럼에도 불구하고 와트(Watt)에 의하여 발명된 증기 엔진용 조절기(governor)가 회전 속도에 따라 스로틀(throttle)을 여닫는 것처럼 그들은 통제 수단으로서 행동한다.

흰개미의 다른 일상적인 행동도 동일한 방식으로 설명될 수 있다. 문헌에는 자기들의 집 체계를 확장하는 흰개미들이 어떻게 아치들(arches)을 건설하는가에 대한 자세한 설명이 있다. 개별 흰개미가 도대체 아치에 관해 알고 있다고 믿을 이유는 없다. 그것은 그저 자신의 다른 선호들이 다소간 충족되고 필요한 외부 자극이 존재할 때 작은 돌 혹은 진흙 조각들을 일정한 위치들에 놓아두려는 선호함수를 가지고 있을 뿐이다. 다른 흰개미들의 행동들은 필요한 외부적 자극이 된다.

그런데 다시 한 번 말하자면 이 모든 것은 인간들의 것과 같지만 더 단순한 선호함수를 이용하며, 또한 인간 이외의 종들의 "선호들"에서 정말 예외적인 정도의 선택성을 가정한다. 개미들의 집들이나 흰개미들의 집들, 그 문제와 관련하여, 해면동물들이나 변형균들을 지켜본 적이 있거나 생각한 적이 있는 사람은 누구나 막대한 양의 면밀한 조정이 있다는 점을 깨닫는다. 그 기제는 필연적으로 기본적으로 유전적인 어떤 것임에 틀림없다. 인간의 선호함수와 동일한 방식으로 작용하는 유전적인 구조가 해답의 분명한 후보이다.

나는 여기서 내가 생각할 수 있는 모든 다른 대안적인 기제들을 남김없이 분석한 것은 아니라는 점을 고백해야겠다. 우리는 인간들이 선호함수를 가지고 있다는 것을 분명 안다. 우리는 사회적 종들과 멀게나마, 참으로 매우 멀게나마, 관련되어 있다. 이 기본적인 수준에서는 두 체계가 비슷하게 작용한다고 믿는 것이 타당할 것 같다.

내가 이 책을 통하여 때때로 그렇게 해 왔던 것처럼 나는 다시 한 번 잠시 멈추어서, 이것은 인간 사회의 설계(design)를 위한 아무런 특정 지침도 제공하지 않는다는 점을 지적해야겠다고 생각한다. 우리가 인간 사회에 관하여 어떻게 생각하느냐라는 것에 일정 양의 차이를 낳는다는 점을 제외하고는, 그것은 우리가 인간 사회를 연구하는 데에 특별히 도움이 되지도 않는다.

앞에서 나는 로마 군단들이 칼에다가 원반을 달고서 연습했다는 점을 지적하였다. 자신들의 기법들을 개미무덤에 적용하려고 하는 인간 사회의 연구자들도 본질적으로 이와 비슷한 일을 하고 있다. 이런 훈련은 로마 사람들이 실제 적을 만났을 때 자기들의 칼에 원반을 달지 않고 더 잘 싸울 수 있다는 것을 의미했듯이, 인간 사회 과학자들도, 만약 그들이 이 책에서 다루는 종류의 문제들을 가지고 먼저 자신들의 사고들을 단련한다면, 인간 문제를 다루는 분석을 더 잘할 수 있을 것이다.

동물 종들로 되돌아가서 잠시 흰개미들을 가지고 계속하면, 때때로 집의 전체 일상이 교란된다. 이런 교란은 외부 침입의 형태를 가질는지 모른다. 만약 그렇고, 그리고 만약 그 흰개미가 병정들을 가진 종들 중 하나라면, 병정들은 방어를 인계받을 것이지만, 내가 앞에서 말한 것을 반복하면, 그것을 그다지 잘 수행하지는 못한다.[3]

다른 흰개미들은 알들을 옮기려고 하거나, 왕 부처(royal pair)를 보호된 지역으로 이리저리 이동시키는 것 등과 같은 다른 활동들을 수행할 것이다. 물론 그들이 집을 구제하는 데 성공할지는 인간의 전쟁들의 결과만큼 알기 어렵다. 그럼에도 불구하고

---

3. 개미핥기들과 침팬지들 양측 다 흰개미집 속으로 어떤 것, 즉 개미핥기의 혀와 침팬지의 막대기를 찔러 넣는데, 그들을 다루는 데 병정들은 사실상 무용지물이다. 그들의 반응은 그것을 꽉 깨무는 것인데, 그렇게 되면, 그들은 개미핥기의 입 속으로 당겨 들어가거나, 침팬지에 의해 집 바깥으로 꺼내진 다음 막대기에서 핥아 먹힌다.

이런 위기 때에 "선호함수"는 각 개체에게 해야 할 일을 분명 제공하며, 그들은 환경의 이런 급작스런 변화에 적응하는데, 아마 잘 적응하지는 못하겠지만, 그들은 분명 적응한다.

흰개미 군락의 생활에서 더욱 관례적인 교란은 번식 계절인데, 이 동안에는 집은 한 떼의 번식자들을 생산하고 그 다음 방출하는 쪽으로 매우 맹렬하게 움직인다. 약간의 생물학자들은 다음 세대의 생산을 사회적 곤충들을 포함한 거의 모든 종들의 기본적인 목표라고 부른다. 이런 것들이 기본적인 목표라는 것을 가지고 있을 만큼 충분한 지능을 가지고 있는지 나에게는 분명하지 않다. 아무튼 나는 우리가 해서는 안 되는 말은 이것이 유일한 목표라는 말이라고 생각한다. 번식 기간은 참으로 조금 위기이지만, 우리는 그것의 중요성을 과장해서는 안 된다. 만약 번식 활동이 실패한다면 다음 세대는 존재하지 않을 것이라는 말이 옳지만, 번식의 위기에 이르기 전에 집이 멸망해도 동일한 현상이 일어난다.

우리가 외부로부터 관찰하는 것은 한동안 번식자들의 수가 급격하게 증가된다는 점이다. 그 다음 어떤 특정 시점에 이 번식자들 모두는 집을 떠나 날아간다. 많은 흰개미 종들에서는 대략 같은 이웃에 있는 많은 상이한 집들이 자기들의 번식자들을 동시에 방출해서 비친척들에 의한 수정의 가능성을 최대화하고, 포식동물들을 압도하는 경향이 있을 것이기 때문에 그들에게 잡아먹힐 가능성을 최소화할 것이다. 다양한 흰개미집들이 정확하게 어떤 신호들을 사용하여 번식자들을 이렇게 동시적으로 방출하는가는 알려져 있지 않지만, 추측컨대 그것들은 기상 조건들이나 아마 태양의 각도들과 관련이 있을 것이다.

이것은 집과 대부분의 집 구성원들의 행동에서 일어나는 일반적인 변화이다. 많은 특별한 페르몬들이 발산되어 집 여기저기를 돌아다니고 그래서 각 개별 흰개미의 반응들을 변화시키는 집 환경의 변화에 의해 이것이 야기된다는 점은 거의 확실한 것 같다.

흰개미들의 왕 부처나 개미들의 여왕은 다른 흰개미들이나 개미들과 어느 정도 다른 페로몬들의 공급원이라는 점은 틀림없다. 그러나 그들은 집의 훨씬 안쪽에 숨어 있고 실제로 외부 세계와 접촉하지 않기 때문에, 번식 주기를 시작하는 원인이 되는 이런 특별한 페로몬 변화에 그들이 책임이 있다는 것은 의심스럽다.

외부 세계와 접촉하고, 그러므로 계절의 신호들을 받아들이는 등의 일을 할 흰개미들이나 개미들이 왕이나 여왕보다 훨씬 더 사실상 기본적인 페로몬 변화를 일으키는 것들일 것 같다. 그것은 추정컨대 비교적 소수의 개미들과 흰개미들이 필요한 페로몬 변화를 생산하기 시작하는 상황일 것이다. 이것은 번식 주기의 원인이 되고, 게다가 이것은 그 다음 집 여기저기에 빠르게 퍼져서, 다른 면들에서 행동을 변화시킬 뿐만 아니라 또한 페로몬들의 생산도 변화시킨다. 참으로 왕족들은 통제 수단으로서 작용하기보다 이것에 의하여 오히려 더 많이 생산하도록 자극을 받을지 모른다.

아무튼 번식기를 전후한 행동의 변화는 매우 대폭적이며, 다시 한 번 말하자면, 수많은 개체들은 물건들을 교환하는 시장이나 직접적인 계서제 없이 능동적인 협동적 행동에 종사한다. 여기에는 환경적인 조정이 존재함에 틀림없다.

번식 주기 동안의 행동의 차이에 관하여 논할 때, 정말 극단적인 차이는 물론 번식자들(reproductives) 자체에 있다. 흰개미집들의 어둡고 면밀하게 통제된 터널들 속에서 자란 후, 그들은 어느 날 갑자기 옥외에 나오게 된다. 그들은 날아오르며—이것은 전에는 결코 해 본 적이 없고, 결코 다시 하지 않을 것이며, 어떤 다른 흰개미도 하지 않는 일이다—, 그 다음 새로운 집을 수립하려고 시도한다. 이 모든 것은 보통의 흰개미의 생활이나 나머지 주기에서의 왕 부처의 생활과 근본적으로 다르다.

왕 부처의 유전자들이 일꾼들의 그것들과 특별히 다르다고 믿을 명백한 이유가 없기 때문에, 모든 흰개미들은 왕족들과 일꾼들 양측 다를 위한 자동적인 잠재적 행동 유형을 가지고 있음에 틀림없다. 일꾼들의 경우는 행동의 왕다운 부분이 억제된다. 왕족들의 경우는 그 반대이다.

물론 이것이 유일한 차이점은 아니다. 흰개미들은 정교한 계급들을 좋아하는 경향이 있는데, 예를 들면 병정들은 일꾼들과 근본적으로 다르고, 상이한 종류들의 일꾼들이 있는 것과 같다. 뿐만 아니라 이미 언급된 것처럼 그들은 자라면서 일련의 탈피들을 경험한다. 그 과정에서 그들은 일반적으로 더 커지고, 자기들의 크기에 따라서 자기들의 행동 유형을 바꾼다. 이 모든 것들에 대한 지시들은 모든 흰개미들의 DNA에 포함되어 있음에 틀림없다.[4]

단일 흰개미의 관점에서 그것을 고찰해 보면, 그것이 알에서 밖으로 나올 때 그것을 어떻게 취급하느냐가 그것이 번식자가 되어서 결국 멀리 날아가게 되어 있는가,[5] 조금도 일하지 않지만 필요할 때 집을 방어하게 되어 있는가, 아니면 그것의 일생 동안 그것이 속하는 어떤 특정 영(齡)에 따라 상당히 많은 상이한 활동들에 종사할 어떤 특정 계급의 일꾼이 되게 되어 있는가를 결정하게 될 것이다. 그것이 이들 행동 노선들 중에서 이 쪽 혹은 저 쪽을 택하는 기본적인 원인은 직접적인 환경, 즉 그것이 다른 흰개미들에 의하여 양육되고 다루어지는 방식이다.

그러나 이것은 무엇이 보모(保姆) 흰개미들을 지시하는지에 관한 질문을 제기하는데, 그들은 내가 위에서 논의한 것과 동일한 종류의 환경적인 조정에 따라 행동하고 있다는 점이 거의 확실한 것 같다. 성공적인[6] 새 흰개미집이 형성될 때, 그것은 처음

---

4. 이 역할들 모두에는 수컷 흰개미들과 암컷 흰개미들 양측 다 존재하기 때문에, 왕족들이 되는 흰개미들에게 필요한 차이 이외에도, 수컷과 암컷의 DNA에는 어떤 차이가 존재할 가능성이 있다. 내가 아는 한, 이것이 옳은지 그른지를 발견한 사람은 아무도 없다.
5. 어떤 경우에 필요할 때는 번식자들은 집 내부에서 (왕 부처) 대체물들로서 이용된다.
6. 물론 번식자들의 압도적인 다수는 잡아먹히기 쉽다.

에는 오직 일꾼들만 생산할 것이다. 그러나 비교적 짧은 시간이 지나면 그것은 한 두 마리의 병정들을 생산하기 시작할는지 모른다. 병정들은 더 많은 식량을 필요로 하기 때문에, 이것은 어떤 의미에서 사치이다.

그것에 대한 유일한 기본적인 설명은, 간단히 말해, 육아 활동에 종사하는 개별 흰개미가 자신의 육아 활동 노력을 어떻게 배분할 것이냐를 결정할 때 자기와 마주치는 일꾼들과 병정들의 수를 고려한다는 것이다. 나는 심지어 그것보다 더 나아갈지 모른다. 즉, 개별 보모 흰개미가 그저 몇 안 되는 알들이나 애벌레들에 전문화할 것이라는 점은 옳지 않기 때문에, 결정은 협동적이어야 한다.

분명 앞으로 일어날 일은 이 새로운 집에서 일꾼들의 수가 증가함에 따라 육아 활동에 종사하는 흰개미들의 선호함수가 병정들을 생산하려는 “욕망”을 보이기 시작하는 상황이 결국 발생한다는 점일 것이다. 그것은 모든 보모들에게 다소 동일할 것인데, 자기들의 한배 새끼들 가운데 두 마리 예비 병정들이 존재한다는 것은 병정들의 절박함을 줄여 그 결과 오직 소수의 병정들만 생산될 것이다. 그것은 다시 선호함수와 환경적 조정에 의하여 유발되는 협동일 것이다. 다시 한 번 말하자면, 그 흰개미의 행동으로 환경이 변화되어 다른 흰개미들이 다소 상이한 환경에 직면하게 되고, 그래서 그들의 행동도 어느 정도 변화된다.

페로몬들이 확실히 상당히 중요하지만, 나는 집의 페로몬들의 순환에 대하여 상당히 개략적으로만 언급해 왔다. 사회적 곤충들에 관한 많은 문헌은 본질적으로 벨 연구소(Bell Laboratories)에서 개발된 통신이론(communication theory)을 채택하여 왔고, 정보의 비트들(bits; 정보량의 최소 단위)과 직접 통신에 관하여 논한다. 흰개미들의 경우에도 통합(integration)이 있다는 점은 분명하며, 개별 흰개미들이 다른 흰개미들의 행동에 영향을 미친다는 점도 분명하다. 질문은 그것이 정보 전달로서 간주되어야 하는지 아닌지에 관한 것이다. 그런데 나는 전화 통신에 관하여 고민하는 매우 많은 물리학자들이 개발한 수학이 흰개미들에게도 적용될 수 있다는 점을 의심하지 않는다. 물론 통상적으로 사회적 곤충들과 기타 사회적 종들은 전화 체계가 전달하는 것에 비교하면 거의 별로 정보를 전달하지 않지만, 여전히 그 수학은 적용된다. 그렇지만 내가 말하려고 하는 것은 아마도 그것은 정말로 통신으로 불려져서는 안 될 것이라는 점이다.

여왕벌이 모든 다른 벌들의 행동에 영향을 미치는 페로몬을 사실상 틀림없이 발산하는 벌의 집을 고찰해 보자. 그녀는 또한 모든 다른 벌들의 행동에 영향을 미치는 알들도 생산한다. 두 경우에 그녀가 행하고 있는 것은 환경을 변화시키는 것이고, 다른 개체들은 그 변화에 반응하고 있다.

나는 이것과 인간 통신체계 사이의 차이는 정도의 차이라는 점을 알고 있지만, 그것은 매우 큰 정도의 차이이다. 만약 내가 나를 만찬에 초대하는 전화를 받고 내가 수락한다면, 첫째, 통신은 사실상 나에게로 향한 것이지, 누구든지 전화기를 들고 싶은 사람을 위해서 그저 환경 속에 발산한 것이 아니다. 둘째로, 통신을 받는 사람뿐만 아니라 그것을 전하는 사람의 편에 의지적인 행동(volitional act)이 있다.

물론 인간 이외의 사회적 종들 안에서도 이것 또한 사실인 약간의 사례들이 있다. 개미들의 집이 침입 당하고 있을 때 발하는 경보는, 그러한 원시적인 정신 체계에 의하여 발생되는 어떤 것이 의지적인 것으로 간주될 수 있는 한, 개미들 편에서는 분명히 의지적인 행동이다. 그러나 심지어 여기에서도 "통신들"은 자동적이지, "의도적인"(intended) 것이 아니다.

다시 한 번 말하자면, 페로몬들을 발산함으로써, 그리고 또한 알들을 낳음으로써, 다른 벌들의 행동에 영향을 미치는 벌의 여왕을 생각해 보자. 두 경우 모두 환경은 변화되고, 일벌들은 적절한 행동을 취함으로써 그 변화된 환경에 반응한다. 진화적으로 페로몬의 기능은 다른 벌들의 행동을 완전히 통제하는 것인 반면, 알의 기능은 단지 부분적으로 통제하는 것일지 모른다. 이것은 우리들에게 차이를 제공하지만, 그럼에도 불구하고 둘 다 모두 환경에 대한 변화들이고, 그래서 다른 벌들은 그 환경적인 변화에 적응할 것이며, 집은 계속 존속할 것이라는 점도 여전히 사실이다.

이 이론을 가지고 더 논의를 진행하기 전에, 나는 엄밀한 의미에서 유전이 전적으로 DNA에 의하여 결정되는 것은 아니라는 점을 지적하고 싶다. 일단 세포들이 어떤 방식으로든 전문화하기 시작하면, 더 큰 실체의 성장을 야기하는 세포분열(cell division)은 DNA의 복제 쌍들뿐만 아니라 다른 분화된 세포 부분들도 제공할 것이다.

예를 들어 당신의 피부 세포들을 고찰해 보자. 일반적으로 그것들은 당신의 뇌를 구성하는 세포들과 동일한 DNA를 가지고 있다. 그러나 세포 원형질(cell protoplasm)의 나머지 부분은 많은 차이점들을 포함하고 있다. 이 세포들은 말하자면 신경 세포와는 많은 차이점들을 가지고 있는 유사한 세포들의 분열에 의해 형성된다. 그 DNA는 동일하지만, 세포의 나머지 부분 역시 분열하며, 그래서 새로운 세포들은 그 DNA보다 훨씬 더 많은 것을 "유전받는다." 이 "더 많은"이라는 것은 상이한 기능들을 수행하는 세포들마다 다르다. 피부 세포의 원형질은 당신의 신경 세포들 중 하나가 분열되기 시작하는 경우에 제공될 원형질과 동일하지 않다. 세포의 유전은, 그 세포가 어디로부터 온 것이냐 하는 것과 상관없이, 완전히 동일하지는 않다. 우리는 그것의 DNA 구성요소들은 거의 동일하다고 말할 수 있지만,[7] 세포의 나머지 부분은 여러 가지 면에서 아주 다를는지 모른다.

이것이 중요한 것은 우리가 사회적 곤충들에서 전문화된 계급

7. 심지어 동일한 실체 안에서도, 상이한 세포들의 DNA를 동일하지 않게 만들지 모르는 전사(轉寫; DNA에서 전령 RNA가 만들어지는 과정)들의 실수들도, 기타 돌연변이들도 있다.

들의 발전에 관하여 생각할 때나, 그 문제와 관련, 해면동물 내부에서 여기저기 돌아다니는 아메바 모양의 실체들 가운데서 생각할 때이다. 말하자면 벌들이 벌집의 잠재적 여왕의 애벌레에게 더 큰 봉방(蜂房)과 여왕 젤리를 추가로 제공하기 시작한 후 일단 전문화가 시작되면, 그것은 DNA 이외의 세포의 부분들에 영향을 주어, 그 결과 진행되는 세포분열은 어느 정도 다른 세포들을 생산할지 모른다. 따라서 진정한 의미에서 그것들은 일꾼들의 세포들과 정확하게 같지는 않다. 여왕벌의 세포들은 대체로 일꾼들의 세포들과 아주 다를지도 모르는데, 하기야 내가 아는 한 그 경우에는 이것이 사실이 아니긴 하다. 해면동물에서 활동하는 아메바 모양 및 기타 단세포 실체들의 경우에는, 개별 세포들이 아주 다르게 행동하기 때문에, 그것들은 아주 다름에 틀림없다.

이것은 내가 위에서 서술해 온 환경적인 조정을 바꾸는 것은 아니지만, 어떤 경우들에는 그것을 다소 더 간접적이게 만든다. 각 실체는 자신의 환경에 적응할 것이며, 자신의 행동으로 다른 것들에 대한 환경을 약간 변화시킬 것이다. 그러나 만약 실체들이 (그들의 DNA에서가 아니라, 세포 구성요소들의 나머지 부분에서) 다르면, 그 반응도 동일하지 않을 것이다. 그럼에도 불구하고 이런 상이한 세포들의 발달은 초기 생애에서의 보모 개미들의 활동이나, 무엇이든 그와 유사한 것으로부터 올 것이다.

이것에 관해 생각해보는 분명한 방식은 당신 자신과 같은 큰 실체 안의 세포들에 관하여 생각해보는 것이다. 당신은 단일의 수정된 난세포(egg cell)로서 출발하였고, 이 세포는 분열하기 시작했다. 다소 빨리 이 세포들은 전문화들을 발전시키기 시작했다. 태아 성장의 초기에는, 그것의 한 부분으로부터 세포를 분리하여 다른 부분에 넣으면, 결국 새로운 환경에 쉽게 적응하는 것이 당연할 터인데, 즉 그것은 여전히 매우 신축적이다. 그러나 시간이 지난 후에는, 만약 그것을 한 세포 조직(tissue)에서 다른 세포 조직으로 옮긴다면, 그것은 새로운 환경에 적응할 수 없을 만큼 충분히 "유전된" 차이점들을 지닐 것이다. 그것의 DNA는 그것의 새로운 이웃들과 같을 것이지만, 세포 구성요소들의 나머지 부분은 다를 것이다.

이 현상은 내가 차후에 더 큰 몸체들 속의 세포들을 논의할 때 관심을 가질 것이지만, 또한 계급 분화를 하는 사회적 곤충들에서도 아마 사실일 것이다. 앞에서 언급한 것처럼, 해면동물의 아메바 모양의 세포들은 분화한다. 참으로 그들 중 약간은 아메바 모양이기를 그치고 표피나 성 기관들이 된다. 따라서 그 상황은 완전히 신축적인 것이 아니다. 흰개미무덤은 일단 그것이 전문화된 형태들을 만들기 시작하면 어느 정도 구속될 뿐만 아니라, 개별 개미 애벌레도 일단 보모들이 그것을 말하자면 여왕이 되도록 다루기 시작하면 어느 정도 구속된다. 물론 성 분할은 여기서도 역시 매우 중요하다. 그 경우에는 암수의 DNA가 동일하지 않다. 그럼에도 불구하고 일벌의 세포들은 여왕벌의 그것들과 동일하지 않을 것 같다. 여왕벌이 살해될 때, 다른 벌들이 이미 생산되어 있는 일정 애벌레들을 적절하게 먹임으로써 새로운 여왕들을 창조하는 것이 가능할지 모른다. 그러나 그것이 항상 가능한 것은 아니다. 세포들은 일꾼의 더욱 제한된 식사에 이미 적응해버리고, 그래서 여왕의 식사에 적응하도록 만들어질 수 없을지 모른다. 그것은 당신의 피부 세포들의 하나가 근육 부위로 이식되면 그것이 거기에 적응할 수 없는 것과 동일할 것이다.

지금까지의 논의는 주로 통상적으로 사회들(societies)이라고 불리는 것들에 관해서 이루어져 왔다. 더군다나, 이 사회들은 인간 사회들과 근본적으로 다르다. 그 차이로서 언급될 첫 번째 것은 인간 사회는 쉽게 유전적으로 규정되는 것으로 간주될 수 없다는 점이다. 인류는 구석기 시대에 오늘날의 조건들과 아주 근본적으로 다른 조건들 아래에서 발전하였다.

인간들은, 유목생활을 하고 규모가 작은, 소규모 수렵/채집인 단(團)들로 살았을 것 같다. 그 단들은 이웃의 단들과 우호적 혹은 적대적인 관계를 가졌을지 모르지만, 본질적으로 사회는 단 그 자체의 사회였다. 이 단들의 내부적인 구조는 비비 족의 그것과 상당히 같았을 것 같다. 설사 그것이 그렇지 않았다 하더라도, 그들의 조상들 약간은 그런 종류의 구조를 가졌음에 틀림이 없는데, 왜냐하면 발견된 최초의 선행 인류들(pre-humans)은 무리들을 지어 생활한 것으로 여겨지기 때문이다.

약 10,000년 전부터 세계의 혜택받은 지역들에서, 그리고 그 후에는 그 밖의 지역들에서, 인류는 구석기 시대에서 신석기 시대로 진보하였다. 그들은 적어도 어느 정도 정착하게 되었고, 농업에[8] 의하여 지탱되는 더 큰 집단들을 이루어 생활하기 시작하였다. 그들은 또한 이웃한 집단들과 다소 더 영구적인 관계를 가졌다. 마을들이 어떤 식으로 연합했는지(federated) 아닌지는 알려져 있지 않다. 그러나 그것들이 연합했다는 증거는 약간의 무덤들 속의 상당히 정교한 부장품들에서 발견될 수 있다. 이 사회들의 구성원들의 지위에 상당한 차이가 있었다는 점은 분명하다. 때때로 발견되는 부장품들에서의 근본적인 차이는 묻힌 사람이 단일 마을에서가 아니라 마을들의 연합체에서 높은 지위에 있었다는 이론을 제기한다. 따라서 소제국(小帝國)들은 매우 일찍 시작되었을지 모른다.

어떤 인종들은 오직 아주 최근에야 이런 상태에서 벗어나 진보해 왔다는 점을 말해야겠다. 콜럼버스가 미 대륙에 도착하였을 때, 원주민들은 바퀴도 없고, 금속도 거의[9] 없으며, 오직 소수의 가축들만[10] 있는 신석기 시대(New Stone Age)에 살고 있었다. 호주의 원주민들(blackfellows)은 그들이 백인들과 처음 접촉하였을

8. 물론 그들은 사냥과 고기잡이를 계속하였다. 정말 우리는 지금까지도 이것들을 하고 있다.

9. 그들은 구리와 은, 금을 가지고 있었다.

10. 우리의 오늘날의 가축들 대부분은 유라시아 대륙에서 온 것이다. 인디언들이 칠면조, 야마(Ilama) 그리고 기니피그(guinea pig; 속칭 모르모트)를 제외하고는 썩 잘 길들이지 못한 것은 인디언들의 능력 탓이 아니라, 그들의 자연 환경 탓이었다.

때 이런 수준조차도 되지 못하였다.

이런 기술적인 후진성은 그들이 다른 면들에서도 열등하다는 것을 가리키지는 않는다는 점을 강조해야겠다. 물리적 장비 면에서는 될 수 있는 거의 최대 한도로 원시적인 호주의 원주민들도, 그들이 환경에 적응시켜 온 고도의 기능들 때문에, 거친 환경에서도 살아 갈 수 있었다. 그들은 예를 들면 인간의 발자국들을 인식할 수 있는 능력을 가지고 있었는데, 이것은 다른 사람들은 할 수 없는 것이었다. 그들은 또한 지시를 하는 사람이 없어도 집단적인 사냥에 종사할 수 있었는데, 이것은 아주 놀라운 재주이다.

아메리카 대륙에서는, 대체로 잉카족(Incas), 마야족(Mayas), 그리고 아즈텍족(Aztecs)[11]이라 불리는, 소위 문명화된 종족들이 (비록 아치(arch)는 없었지만) 거대한 건축(architectural) 구조와 중앙집권적 정부를 가지고 있었다. 마야족은 확실히 읽고 쓸 수 있었지만, 아즈텍족이 그렇게 할 수 있었는지에 관한 질문은 어느 정도 여전히 미해결이다. 잉카족은 할 수 없었다.

호주 원주민들로부터 인디언들을 거쳐서 현대 문명의 메소포타미아인 개척자들에 이르기까지 이런 근본적으로 다른 문명 수준들을 기술(記述)하는 것의 취지는 그것에 관해 유전적인 것이 없다는 분명한 증거를 보여주기 위해서이다. 아메리카 대륙의 인

---

11. 이들 셋 모두 인간 제물을 신에게 바쳤기 때문에—아즈텍족은 대규모로, 그리고 마야족은 의식적(儀式的)인 고문 중에서—, 그들이 문명화되었다는 점을 부인할 사람들도 있을 것이다.

디언족, 호주의 원주민들, 그리고 여러 다른 집단들은 적응하는 데 조금도 어려움을 겪지 않았다. 문명과 접촉하며 자란 그런 사람들 가운데는 곧 기술자들, 의사들, 심지어 대학 교수들까지 된 사람도 있다. 어른으로 현대 문화에 넘겨진 종족인들이 흔히 적응하는 데 어려움을 겪는 것은 사실이지만, 이것은 분명히 유전적 계승의 문제는 아니다.

그러므로 우리의 사회는 이 책에서 논의된 다른 사회들이 유전되는 것과 같은 방식으로 유전되는 것이 아니라는 점이 분명하다. 그럼에도 불구하고 우리의 유전이 적어도 대규모 문명의 발달을 가능케 한 것은 사실임에 틀림없다.

우리는 또한 우리의 선호함수의 구성 요소들을 유전받아 왔는데, 물론 근본적으로 다른 문명들과[12] 많이 접촉해 본 사람은 누구나 그것이 이야기 전부는 아니라는 점을 깨닫는다. 분명히 대단히 많은 우리의 선호들은 학습된 것이고, 똑같이 분명히 이 선호들은 어느 정도는 우리가 어떻게 양육되어 왔느냐에 달려 있다. 그렇지만 분명히, 큰 유전적인 요소도 존재한다. 우리는 직립하고, 규칙적으로 식사하며, 벽들에다가 그림들을 걸고,[13] 이 밖에도 인류에 걸쳐 매우 똑같은 많은 동기들을 가지고 있다.

비록 우리가 일단의 유전적인 선호들을 분명 가지고 있고, 이

---

12. 나의 경우는 중국 문명이다.

13. 이것에 대하여 자연 선택(natural selection) 동기를 부여하기는 매우 어렵다.

런 선호들이 적어도 사회의 발전에 도움이 된다 하더라도, 그것들이 직접적으로 사회의 발전의 원인이 되는 것은 아님이 분명하다. 우리의 사회들은 너무나 다양하고, 그 문제와 관련하여, 인간 이외의 사회들과 너무나 근본적으로 달라서, 유전적인 요소는 개미들의 경우만큼 조금도 정밀하지도, 규모가 크지도 않다.

나는 앞에서 우리는 동물 세계에서는 찾아볼 수 없는 계서제들 이외에도 시장을 사용한다고 말했다. 비록 내가 동물들은 계서제들을 가지고 있지 않다는 나의 확신에 관하여 상당히 이야기해왔지만, 왜 내가 동물들은 시장을 가지고 있지 않다고 생각하는지 자세하게 논의하지는 않았다.

시장에 관하여 언급할 첫 번째 사항은 인간 이외의 세계에는 직접적인(direct) 거래가 없다는 점이다. 만약 어떤 동물이나 식물이 소유하고 있는 것으로 다른 동물이나 식물이 원하는 어떤 것이 있다든지 하면, 가장 힘센 놈이 간단히 그것을 빼앗아버린다. 앞에서 나는 약간의 말벌들이 어떤 액체를 고맙게 여기는 것 같다고 말했는데, 그들이 애벌레들을 먹여줄 때 그들의 애벌레들에 의해 이 액체가 생산된다. 그러나 이것도 직접 거래의 명쾌한 모습은 아닌데, 왜냐하면 말벌이 애벌레에게 줄 먹이를 가지고 있지 않다면 말벌은 그 액체를 얻기 위하여 애벌레를 구타할 가능성이 있기 때문이다.

인간 이외의 사회들에 존재하는 공식적인 거래에 가장 가까운 것은 근본적으로 다른 종들과 관련된 것이다. 꽃들과 곤충들은 다소 동시에 발달하였고, 그들은 내 생각에 원시적인 거래(primitive trade)라고 불릴 수 있는 활동에 종사한다. 꽃을 피우는 식물은 화밀(花蜜)과, 그 문제와 관련하여, 여분의 꽃가루를 생산하고, 이것들은 곤충들을 유혹한다. 그러면 곤충들은 첫 꽃으로부터 꽃가루를 묻힌 채 다른 꽃으로 날아감으로써 꽃들의 수분(受粉) 중개자 역할을 수행한다.

많은 경우들에는 꽃들과 그것들을 다루는 곤충들은 매우 고도로 전문화되어 있다. 그러나 다른 경우들에는 그것은 경쟁적이라기보다는 일반화된 사업이다. 예를 들면 꿀벌들은 꽃에서 꽃으로 날아다니고, 많은 이런 꽃들은 또한 호박벌들과 기타 곤충들의 방문도 받는다. 어떤 벌의 집이 특정 집합의 꽃들을 "소유하는" 소위 소유제도(property arrangement)의 흔적은 없다.[14] 꽃들은 모든 벌들을 얻기 위해 경쟁하고, 벌들은 모든 꽃들을 얻기 위해 경쟁한다.

비록 이것이 어떤 종류의 거래라고 불릴 수 있겠지만, 단위별 교환(by-unit exchange)이 없고, 곤충들이 굶어죽거나 식물들의 편에서 수분(受粉)이 되지 않아 번식을 못하는 것을 제외하고는, 그것들이 균형(equilibrium)을 이루는 방법이 없다는 점을 주목하라. 그럼에도 불구하고 이것은 인간 이외의 세계에서 발견되는 시장 활동들에 가장 가까운 것이다. 그러나 분명히, "가장 가까

---

14. 앞에서 기술한 것처럼, 열대 지역의 침 없는 벌들은 꽃이 핀 특정 나무를 차지하기 위하여 때때로 "전쟁들"을 벌인다.

운”(closest)이라는 구(句)는 “가장 멀지 않은”(least remote)으로 대치되어야 할 것이다.

따라서 계서제들과 시장들을 지닌 인간 사회와 우리의 생활을 아주 크게 통제하는 이 두 현상이 없는 인간 이외의 사회들은 근본적으로 다르다. 나는 인간 이외의 사회들을 연구하는 것이 인간 사회들의 연구자에게 도움이 된다고 생각하고 있다. 최근에 생물학자들은 자기들 자신의 목적들을 위하여 인간 경제학으로부터 원용한 많은 지적 도구들을 사용해 오고 있다. 상호 자극은 유익하지만, 인간 분야에서도 인간 이외의 분야에서도, 그것은 상당히 사소한 측면 이상은 되지 못하고 있다. 나는 이 책이 생물학자들과 인간 사회들의 연구자들 양측의 흥미를 끌 것을 희망한다. 나는 이 책이 그들에게 또한 도움도 되길 희망하지만, 만약 그 도움이 정말 크다면, 나는 매우 놀라게 될 것이다.

▌제 8 장　세포들의 사회

내가 학생이었을 때, 사회에 관한 인기 있는 이론들 중 하나는 "유기체 사회"(organic society)설이었다. 이 견해에 따르면, 사회는 사실 자유롭게 계약하는 인간들 집합이 아니라 그것보다 더욱 견고한 구조였다. 이 특정 견해는 일반적이지 않게 되었고, 참으로 나는 그것이 오늘날 언급되는 것조차 볼 수 없다. 이것은 부분적으로 제2차 세계 대전 동안 우리가 이런 관점을 지닌 나치들과 전쟁을 치렀다는 사실에 기인한다. 그러나 그것은 완전히 그런 방식으로 설명될 수는 없는데, 왜냐하면 그 견해는 또한 좌익 계열의 꽤 많은 사람들에 의해서도 지지되었기 때문이다. 본질적으로 그것은 소위 사회에 관한 자유주의적(libertarian) 견해에 대한 하나의 가능한 대안이었다.

분명히 나는 이 유기체이론을 재생시킬 의도가 없지만, 이 책의 이 짧은 마지막 장의 목적은 그것의 경상(鏡像; mirror image)은 옳다는 점을 제안하는 것이다. 우리는 통상 유기체(organism)를 어느 정도는 사회로, 특히 개별 세포들의 사회로 간주해야 한다.

비록 이미 동일한 결론에 도달한 생물학자들과 의사들이 있다 할지라도, 이것은 대부분의 독자들에게 깜짝 놀랄 만한 생각으로 여겨질지 모른다. 그러나 그것의 깜짝 놀랄 만한 성질과는 별도로 그것에 반대할 강력한 논거를 발견하기는 어렵다.

물론 인간 육체의 대부분의 세포들은 위치가 고정되어 있다는 점, 즉 그것들은 움직일 수 없다는 점은 사실이다. 그러나 이것은 다만 대부분의 세포들에 대해서만 그렇다. 당신의 몸은 백혈구(white blood) 세포들을[1] 가지고 있는데, 이것들은 자유롭게 여기저기 돌아다니며 다소 아메바와 닮았다. 피 속에는 역시 자유롭게 움직이는 적혈구들(red cells)이나 혈소판들(platelets)과 같은 다른 성분들이 있다. 혈소판들은, 그것들이 구조가 손상된 장소들로 가서 보수(補修)의 과정을 시작한다는 점에서, 사실상 일종의 병정개미들과 같은 것이다. 그것들은, 물론 동일한 도구들을 사용하는 것은 아니지만, 개미들과 흰개미들의 병정들과 같은 의미에서 몸을 방어한다.

그러나 사회의 요소로서 이동성(mobility)이 필요하지는 않다. 예를 들면 해면동물들에서는 상당히 많은 세포들이 위치가 고정되어 있다. 그것들은 외피와 여러 가지 다른 특수 기능적 부분들을 구성하며, 자유롭게 이동할 수 있는 아메바 모양의 세포들에

---

1. 백혈구 세포들이라는 것은 오래된 용어이다. 우리는 지금 그것들을 매우 많은 전문화된 세포들로 나누고 있다. 우리의 목적상, 우리는 그것에까지 들어갈 필요는 없다.

의하여 도움을 받는다. 사회가 상대적으로 움직일 수 없는 세포들 혹은 기타 실체들로 구성될 수 없을 이유는 없다. 태형동물(ectoprocts)은 좀 별난 사회적 실체인데, 돌아다니지 않는 더 작은 단위들로 구성되어 있다. 움직이지 않는 실체들의 사회에 관한 언급은 흔하지는 않지만, 못 듣는 것도 아니다.

모든 다른 측면에서는 인체 혹은 어떤 다른 몸체의 세포들은 사회가 되기 위한 대부분의 요건들을 지니고 있다. 해면동물의 아메바나 변형균의 개별 세포와 같이, 그것들은 어떤 정신 능력을 지니고 있는 것 같지는 않지만, 자기들의 환경에 반응하고, 환경을 변화시키며, 그래서 다른 것들에게 영향을 미친다.

최근 몇 년 동안, 인접하고 있는 세포들 간의 상호작용이 주된 연구 분야가 되었다. 좀처럼 우리가 이 책에서 사용해 온 용어들로 논의되지는 않았지만, 이런 상호작용은 협동적인 행동의 예이다. 각 세포는 성장하며, 어떤 화학물질들을 발산하고 어떤 다른 화학물질들을 흡수하는데, 그렇게 함으로써 체내의 다른 세포들에게 영향을 미친다. 그것은 또한 그것들에 의하여 영향을 받는다.

물론 이것의 가장 분명한 사례는 우리가 발육함에 따라 나타나는 우리의 세포들의 전문화(specialization)이다. 그것은 앞에서 논의되었지만, 여기서 반복하는 것이 유익할 것이다. 초기의 세포들은 완전히 동일하지만, 단일 세포가 태아로 발달함에 따라 세포들은 다소 빨리 전문화하기 시작한다. 추정컨대 전문화는 DNA에 의하여 유도될 것이지만, 시간이 지남에 따라 그 세포는 다른 기관들의 세포들과는 돌이킬 수 없을 정도로 달라지기 시작한다.

결국에는 근육이 될 개별 세포들이 태아의 선택된 부분들에서 발달하기 시작한다. 일단 발달하기 시작하면, 그것들은 상당한 정도까지 자기 영속적이다. 개별 세포는 일단 근육 세포의 특성들의 약간을 획득하면 분열해서, 자신의 DNA뿐만 아니라 전문화된 세포 특성들도 전달한다. 얼마 후 그것은 "근육 세포"로서 충분히 전문화되어, 만약 그것이 태아의 어떤 다른 부분에 이식된다면 죽게 된다. 동시에 이 근육 세포들의 존재는 세포들을 근육들이 되는 방향으로, 혹은 근육들과 관련이 있거나 가까운 여러 가지 것들의 세포들이 되는 방향으로 더 많이 생산하도록 영향을 미친다.

이 모든 것은 본질적으로 매우 많은 실체들의 협동적인 활동이다. 원한다면 우리는 실체란 각 세포에 동일한 DNA 분자들을 모아 놓은 것이며 협동의 결과로 바라건대 효율적인 더 큰 실체가 된다고 말할 수 있을 것이다.

나는 이 장은 짧을 것이라고 말했는데, 짧긴 하지만 그것은 다소 놀랍다. 그것이 생물학자들과 의사들을 놀라게 하는 것은 비전문가들보다는 덜하겠지만, 심지어 그들에게도 그것은 전혀 정통적이지 않다. 그러나 정설이 아니라는 것을 제외하고는 그것을 반대할 어떤 논거도 없는 것 같다. 우리가 용어들을 이런 식으로 사용하는 데 익숙해 있지 않지만, 만약 당신이 그것에 관해 면밀하게 생각해 보면, 인체는 협동하는 세포들의 사회라는 언명(言

明)은 이치에 맞다.

사회적 곤충들에서처럼 여기에도 어떤 통제가 있다. 어떤 세포들의 다른 세포들에 대한 통제는 어떤 사회적 곤충들의 다른 것들에 대한 통제와 똑같다. 일정 통제 기관들로부터, 다른 세포들의 활동들의 전개에 영향을 미치는, 호르몬들의 발산이 있다.

이것은 어느 정도까지 개미집의 여왕에 의한 페로몬들의 발산과 같지만, 훨씬 더 전문화되어 있다. 우리는 전문화된 페로몬들을 발산하는 데 종사하는 기관들(organs)을 훨씬 더 많이 가지고 있는데, 전문화된 페로몬들을 발산하고 있는 개미들은 오직 소수만 존재한다. 반면 개미들, 흰개미들 등 그것들 거의 모두가, 다른 것들에게 영향을 미치는 페로몬들을, 어느 정도는 발산할 것 같다. 이것은 아마 인간들에 대해서도 역시 사실일 것이다.

우리는 앞에서 개미집이 침입 당할 때 개미들이 취할 경보 행동과 그들이 집을 보호하기 위하여 취하는 조치들에 관하여 언급했다. 다시 한 번 말하자면, 동일한 현상이 인체 사회에서도 일어난다. 만약 우리가 침범 당한다면, 즉 누가 우리에게 칼을 찌르거나 유해한 박테리아가 있다면, 우리의 경보 체계는 방어 경보를 발한다. 백혈구들이 박테리아에 대처하러 오는 한편, 혈소판들과 기타 복구 설비들은 유기체의 손상을 복구하러 온다. 이것은 추정컨대 손상을 당하고 있는 세포들이 일반적인 환경 속으로 어떤 종류의 화학물질을 발산한 결과일 것이다. 이것은 개미들의 경보 행동과 똑같은 경보 행동이다.

인간들은 내부 신경체계를 가지고 있다는 점에서 다른 사회들과 분명 다르다. 물론 개별 개미도 신경체계를 가지고 있지만, 한 개미를 다른 개미와 연결시키는 신경체계는 없다. 인간들은 중앙 통제 체계를 가지고 있다. 이것은 그들과 차이가 나는 점인데, 이것은 만약 우리가 전적으로 화학적인 자극에 의존했더라면 우리가 할 수 없었던 것들을 우리가 수행할 수 있게 해 준다.

그러나 이 신경 세포들은 인체 속에 있는 그 밖의 모든 것과 동일한 방식으로 발달하며, 그저 협동적 장치의 다른 구성원들로 간주될 수 있다. 그것들은 전문화된 기능들을 수행하는 전문화된 세포들이며, 비록 우리가 이 특정 전문화된 기능들이 엄청나게 중요하다고 생각하더라도, 우리는 그것들이 우리가 태어난 최초의 수정란의 직접적인 계승자들이라는 점을 부인할 수 없다. 협동이 진전될 때 그것들은 하나의 노선을 "선택하였고" 근육 세포들은 다른 노선을 "선택하였던" 것이다.

사회생물학자들은 자기들의 최초의 연구들에서 동물들의 행동으로부터 인간 행동을 위한 많은 교훈들을 도출하였다. 나는 그런 교훈들이 절대로 없다고 주장하고 싶지는 않지만, 확실히 그것들은 그 수가 드물고, 우리는 교훈들의 후보들을 아주 신중하게 점검해 보아야 한다. 그러나 우리의 세포 구조가 인간 이외의 사회들과 어떤 닮은 점이 있다는 것은 내 생각에 옳다. 다행스럽게도 그것은 심각한 어려움을 제기하지는 않을 것인데, 왜냐하면 솔직히 말해서 나는 그것으로부터 도출할 수 있는 인체 사회적 사회(human social society)를 위한 어떠한 함의들도 생각할 수 없기 때문이다. 인체는 세포들의 사회이며 이런 점에서 개미집과 어떤 유사성이 있다고 말하는 것은 우리가 우리의 행동을 개미들로부터 본받아야 한다고 말하는 것은 아니다.

우리는 이제 우리의 개관의 끝에 도달하였다. 나는 독자가 지금까지 그것을 즐겨 왔고 배워 왔기를 희망한다. 나는 그것이 인간 이외의 사회들을 연구하는 생물학자들과 인간 사회들을 연구하는 학도들 양측 모두에게 약간, 매우 크지는 않지만 약간, 도움이 된다고 생각한다. 그러나 주로 그것은 우리가 인간 사회들로부터 배워 온 것들을 취해서 그것들을 인간 이외의 사회들에 적용하는 것에 관련된 것이었다.

그 과정에서 우리는 우리의 지적 도구들을 개선시켜 왔지만, 우리는 인간 사회들에 관해 혁명적인 성질의 어떤 것을 배우지는 않았다. 그 목적은 인간 사회에 관한 우리의 견해를 바꾸려는 것이 아니라, 우리가 인간 사회들에 관해 개발한 기법들을 취해서 그것들을 동물 사회들을 연구하는 데 사용하여, 인간 이외의 사회들에 관한 우리의 이해를 향상시키는 것이었다. 나는 내가 성공적이었기를 바라며, 독자들이 이 책을 읽기 시작했을 때에 비해 지금 이 영역들에 관해 더 많은 지식을 지니기를 희망한다.

동물 사회의 경제학: 생물경제학 서설

1판 발행 2001년10월15일
2판 발행 2012년 2월20일

지은이 / Gordon Tullock
옮긴이 / 황수연 · 이동직

펴낸이 / 송수건
펴낸곳 / 경성대학교 출판부
등록 / 1985.1.28. 제331-1985-000001호
주소 / 부산시 남구 대연동 110-1
전화 / (051) 663-4195
팩시밀리 / (051) 663-4199

ISBN 978-89-7314-239-2 (93320)